अभी रात बाकी है...

लेखक का पता : सी-811, भूमिग्रीन, रहेजा इस्टेट, कुलुपवाडी, बोरिवली (पू.), मुंबई 400066. फोन : 022-28866790.

अभी रात बाकी है...

(मराठी नाटक *अधांतर* का हिन्दी अनुवाद)

मूल लेखक

जयंत पवार

अनुवाद

कैलाश सेंगर

वाणी प्रकाशन

प्रकाशन के उत्कृष्टतम 62 वर्ष

vaniprakashan.com

सजिल्द पहला संस्करण : 2010
सजिल्द दूसरा संस्करण : 2025

वाणी प्रकाशन
4695, 21-ए, दरियागंज, नयी दिल्ली-110 002
फ़ोन : + 91 11 23273167, 23275710
शाखाएँ
अशोक राजपथ, पटना-800 004, बिहार
कॉफ़ी हाउस कैम्पस, महात्मा गांधी मार्ग, प्रयागराज-211 001, उत्तर प्रदेश
महात्मा गांधी अन्तरराष्ट्रीय हिन्दी विश्वविद्यालय, वर्धा-442 001, महाराष्ट्र
sales@vaniprakashan.in
vaniprakashan@gmail.com

Abhi Raat Baki Hai...
by Jayant Pawar
Translated by Kailash Sengar

ISBN : 978-93-5000-222-3
Play

मूल्य : ₹ 295

जी.एस. ऑफ़सेट, दिल्ली-110 095 में मुद्रित

वाणी प्रकाशन का लोगो मक़बूल फ़िदा हुसैन की कूची से

मिलों की हड़ताल में जिनका जीवन चूर चूर हो गया
उन मजदूरों, उनके परिजनों और मिल मजदूरों
की बस्ती बचाने के लिए अंतिम युद्ध में
उतरे सिपाहियों के नाम...

आभार

प्रकाश जाधव, मंगेश कदम, राजीव नाईक, वामन केंद्रे, रत्नाकर मतकरी, चंद्रकांत राऊत, अशोक राणे, शांताराम शिंदे, संजय पवार, देवदास मासवकर

जयंत पवार का 'अधांतर'

नाटक और फिल्मों से वर्षों से जुड़ा हूँ। इस बीच पता नहीं कब नाटक या फिल्म देखने जाते वक्त जो एक समय रोमांच हुआ करता था वह अब कहीं खो गया है। खोना नहीं चाहिए था पर खो गया। कब, कैसा यह समझ ही नहीं पाया मैं। पर जब कोई नाटक या फिल्म देखने जाते वक्त मेरी प्रतिक्रिया एकदम ठंडी होती है। देखते वक्त भी सहसा भीतर कुछ हलचल नहीं होती। आगे जो कुछ होने वाला है वह परदा खुलते ही पहले दस-पाँच मिनट के भीतर ही मुझे दिखाई देने लगता है। वैसा ही घटित भी होता है। तब थोड़ी बोरियत होती है। मैं किसी सजायाफ्ता कैदी की तरह कुर्सी में बैठे-बैठे बेचैन हो जाता हूँ। और पहला मौका मिलते ही बाहर निकल आता हूँ। मुझे मालूम है ऐसा करना अच्छा नहीं दिखता, पर मैं अपने बस में नहीं होता हूँ। मेरा बीच से ही उठकर जाना किसी को बुरा न लगे इसलिए इन दिनों मैं नाटक का टिकट खरीदता हूँ तो वह पिछली और साइड की पंक्ति का खरीदता हूँ। यानी बीच से उठकर चला जाऊँ तो किसी का ध्यान मुझ पर ना जाये।

पर जब ऐसा नहीं होता, कोई नाटक या फिल्म देखते वक्त मैं खो जाता हूँ

और उसके खत्म होने के बाद रोशनी होने पर जब मैं अपने में लौटता हूँ तब वह नाटक या वह फिल्म बड़ी है, बढ़िया है, इतनी सरल, सीधी परिभाषा मैंने अपने तहत बना रखी है।

निश्चित ही यह परिभाषा व्यक्तिगत है।

इस परिभाषा के अनुसार जयंत पवार का 'अधांतर' यह नाटक पिछले कुछ दिनों में मेरा देखा हुआ एक बड़ा नाटक था। उसे देखते वक्त उनके प्रति मेरी अपेक्षाएँ अत्यंत अल्प थीं।

इस नाटक का कर्ता जयंत पवार कुछ वर्षों पहले पहली बार मुझसे मिला, नाट्य लेखन से संबंधित एक कार्यशाला में, पुणे में पाँच-छह अन्य प्रतिभाशाली युवा नाटककारों के साथ। थियेटर अकादमी इस संस्था द्वारा वह कार्यशाला आयोजित की गई थी और मैं उसका सलाहकार था।

जयंत का व्यक्तित्व वैसे पहली नजर में प्रभावित करने वाला नहीं था (आज भी नहीं है)। खुद को आगे आगे करते हुए चमकीले शब्दों में दूसरों की दृष्टि को प्रभावित करवा लेना और अपने व्यक्तित्व की कमी महसूस न होने देने वाले कुछ लोग होते हैं। उनमें से वह नहीं था। उस कार्यशाला में उसने अपना लेखन पढ़ा भी होगा पर उसका लेखन मेरी याद में अब नहीं है। मेरी याद में है, अन्य लोगों द्वारा लिखे गए नाटकों का पाठ और उस पर होने वाली चर्चा को ध्यान से सुनने वाला जयंत पवार। बेहद तन्मयता से उसका सुनना, उसकी गंभीरता, एकाग्रता, उसका नाटक माध्यम से जुड़ाव इंगित करता था। बहुत कम वह चर्चा में बोलने के लिए जुबान खोलता था। तब भी कुछ कहने से पहले उसे पूर्व तैयारी करनी पड़ती थी। पहले कुछ समय तो वो असहज सा लगता था। जैसे उसके मन में यह द्वंद्व चल रहा हो कि बोलूँ या न बोलूँ। कभी-कभार तो यूं भी होता कि बोलने की पूर्वतैयारी में उसका मुद्दा ही अलग रह जाता और वह उसे कह ही नहीं पाता। या फिर जब तक वह मुद्दा रखे इसके पहले ही उसका समय खत्म हो चुका होता। या जयंत उसे इतना मीठे-मीठे स्वर में प्रस्तुत करता कि उसका महत्त्व ही कोई महसूस नहीं करता। इस तरह कम से कम ऊपरी तौर पर आत्मविश्वासहीन लगने वाला तब का जयंत पवार 'अधांतर' देखने जाते वक्त मेरे दिल में नहीं था।

पुणे की उस कार्यशाला के बाद भी जब वो मुझसे मिलता, तब 'क्या लिख रहे हो' पूछने पर उसका चेहरा संकोच भरा हो जाता। बुदबुदाते हुए, किसी अपराधी की तरह कहीं और देखते हुए अपने नए नाट्य लेखन के प्रयत्नों के बारे में वह कुछ कहता। पर मन के लायक कुछ नहीं हो रहा है, यह बात वो बार-बार कहता।

इसी कारण फिर एक बार ऊबने, जमुआई दबाने की तैयारी से (ऐसे समय मैं

जेब में जो लेमनजूस की गोली, काजू, चने या मूंगफली आदि रखता हूँ, वह उस समय भी जेब में थे) मैं जयंत का नाटक देखने के लिए बैठा।

अब मुझे याद नहीं आता कि आगे क्या हुआ पर जेब में रखी हुई सारी सामग्री जेब में वैसी ही पड़ी रही और नाटक कब खत्म हुआ पता ही नहीं चला। जब वो खत्म हुआ तब मैं भरपूर पीट चुकी मुद्रा में कुर्सी में सन्न होकर बैठा था। वहाँ से उठने की भी इच्छा नहीं हो रही थी। कुछ करने की शक्ति ही नहीं थी मेरे पास। यह भी नहीं लग रहा था कि जो देख चुका हूँ वह नाटक था। सत्य और भयंकर ऐसा कुछ सामने घटित हो चुका था।

नाटक खत्म होने के बाद जब जयंत पवार सामने आया तब मेरी स्थिति इस तरह थी। नाटककार के रूप में पिछले 30-35 वर्षों में जो अहंकार मैंने जुटाया था वह उस घड़ी खो चुका था। मैं दर्शक था और जयंत नाटककार था।

अपने तहत बड़े नाटक का और कोई सबूत मेरे पास दूसरा कुछ हो ही नहीं सकता था।

किसी को यह नाटक मुम्बई के कपड़ों की मिलों के मजदूरों के ऐतिहासिक हड़ताल पर लिखा गया महत्त्वपूर्ण नाटक लगा है। किसी को मुम्बई जैसे महानगर की आज की समस्याओं का वास्तविक चित्र इसमें दिखा है। नाटक से मनोरंजन की अपेक्षा रखने वाले कुछेक को यह रौद्र, भड़कीला और जिस्म पर भय का रोमांच खड़ा करने वाला नाट्य लगता है यह। यह सब हम रोज जीते हैं, अखबारों में यही पढ़ते हैं, उसका अनुभव नाटक के रूप में फिर हमें क्यों दे रहे हो ? उसे पल भर के लिए भूल सके ऐसा कुछ आनंददायी, दिल बहलाने वाला दीजिए ऐसी शिकायत भी उनमें से कुछ लोग करते हैं।

ये प्रतिक्रियाएँ मैंने नाटक के प्रयोग के बाद इसी नाटक पर हुए एक चर्चा सत्र में सुनी हैं।

मुझे इस नाटक में मिल कामगारों की ऐतिहासिक हड़ताल दिखाई दी। आज के महानगर के सवाल दिखे। ये सब कुछ परदा खोलने और पुनः बंद होने के बीच मंच पर घटी घटनाओं और संवाद के द्वारा लगातार सामने आ ही रहा था। पर उससे भी महत्त्वपूर्ण उसमें मेरे अनजाने ही मैं खुद से ही मिला। और इसलिए मुझे यह नाटक मेरा नाटक लगा। मुझे जो महसूस हुआ और जो मैं कहना चाहता हूँ वह बहुत कुछ यह नाटक कहता है। नाटक और उसके पात्रों के रूप में जैसे मैं ही बोल रहा हूँ ऐसा महसूस करते हुए मैं अनजाने ही प्रेक्षागृह की कुर्सी से उठकर दिल से सीधे नाटक में कब पहुँच गया, यह मैं ही समझ नहीं पाया।

मैं कोई मिल मजदूरों की बस्ती में रहने वाला नहीं हूँ। मैं गिरगाँव का हूँ।

मिल मजदूरों की हड़ताल में मेरा अपना कोई था भी नहीं। जिस विशिष्ट निम्न मध्यमवर्गीय लोगों की जिंदगी इस नाटक के माध्यम से सामने आती है उस सामाजिक स्तर में मेरा बचपन बीता, पर वह समय अलग था। और उस वर्ग का, उस समय का, जीवन आज की तुलना में काफी हद तक सरल और शांति भरा था। मैं मुम्बई में पैदा हुआ था और जिंदगी भी यही बिताईं। साथ ही इस महानगर के साथ जो कुछ हुआ और हो रहा है उसका मैं निश्चित ही एक गवाह हूँ। लेकिन ऐसा नहीं लगता कि इस नाटक में सिर्फ इतना और इतना ही होता तो मैं जिस हद तक अभिभूत हुआ उतना होता। तब मैं इस नाटक को बड़ा नाटक नहीं कहता, अच्छा नाटक कहता। और यों भी सिर्फ भड़कीले नाट्यपूर्ण प्रसंग इन दिनों मुझे झपकी दिलाने में मदद करते हैं।

मुझे इस नाटक ने जो अनुभव दिया वह इससे काफी गहरा था। यह अनुभव मेरे संपूर्ण कालखंड का था। मेरे आसपास होने वाले जानलेवा परिवर्तन का था। उसमें फँसकर फटने के लिए बेबस परिवार व्यवस्था का था। इस परिवार व्यवस्था का जो घटक है, ऐसे जीवन का था। आदमी आदमी के बीच स्थान-काल-परिस्थिति निरपेक्ष संबंधों का था। तनाव का था। उसके उलझे हुए ताने बाने का था। दूरी, न पार कर सकने वाली दूरी का था। परायेपन का था। शरीर से, रक्त से, रिश्ते-नातों से, एक-दूसरे से जोड़े गए मनुष्यों के बीच खड़ी अदृश्य, अभेद्य दीवारों का था। अर्थपूर्ण संवादों के अभाव का था। उनके दर्द का था, तड़प का था, घुटन का था। और इस वजह से होने वाले विस्फोट का भी था।

यह सब विशिष्ट वर्ग, समाज के घटक, परिस्थिति, मिलों के हड़ताल जैसे एकाध निमित्त से आने वाले संकट के काफी उस पार का था। वरना इस नाटक से, इनमें से किसी भी कारण से न जुड़े, ऊपर से खुद एक नाटककार होने वाले मुझ जैसे व्यक्ति को क्यों अपने में समाँ लेता यह नाटक और परदा गिरने के बाद भी मुक्त नहीं करता?

बड़े नाटकों का बड़प्पन सत्य के धरातल पर और साक्षात् जब महसूस होता है तब उसमें उसके प्रयोग का भी बड़ा हिस्सा होता है। इस नाटक का मेरा देखा हुआ प्रयोग बड़ा था। यह बात नहीं कि कमियाँ नहीं थीं। पर उससे बड़े थे उसके शक्ति-केंद्र। सांघिक और व्यक्तिगत अभिनय शक्ति-स्थान थे ही, लेकिन रंगमंच पर दिखाई देने वाला कल्पनाहीन नेपथ्य महसूस न हो, उस हद तक आगे बढ़ चुका प्रभावशाली प्रयोग था वह। कथानक के कुछ मोड़ और एकाध-दूसरे व्यक्तिरेखा का अभिनय सांकेतिक था, पर बाकी सब कुछ इतना असली था कि यह सांकेतिकता देखते वक्त खटकी जरूर, पर अंत तक ध्यान में रह नहीं पायी। ध्यान में रहा तो वह

दिल दिमाग को सुन्न कर देने वाला उसका असर।

मेरा तर्क है कि इस तरह प्रभाव साधने वाला यह नाटक मूलत: आत्मचरित्रात्मक है। नाटककार से इस संबंध में कुछ पूछने की जरूरत ही महसूस न हो, इतना सब नाटक में ही स्पष्ट होते जाता है। नाटक में जो दिखाई देता है, जो कहा जाता है वह काल्पनिक नहीं है, वह भोगा हुआ है। जो घटता है वैसा शायद नहीं भी जिया गया हो, पर नाटक में प्रस्तुत जीवन को नाटककार भीतर-बाहर से अच्छी तरह जानता है, इस बात का सबूत नाटक का एक-एक शब्द देता है। इसके पात्र कठपुतलियाँ नहीं हैं, वे नाटककार के दिल को बरसों घर बनाकर बैठे जीते-जागते, भीतर ही भीतर धधकते इंसान हैं। इनके शब्द डायलॉगबाजी की तरह सामने नहीं आते, बल्कि वे भीतर से तड़प कर निकली हुई आवाज होते हैं। जड़ से निकले हुए लगते हैं। हर व्यक्तिरेखा का अपना एक शब्द है। वह शब्द नाटककार का नहीं लगता। हर व्यक्तिरेखा की छोटी से छोटी शैली दिल की गहराई में गड़े जीवंत अनुभव से उभरती महसूस होती है।

सिर्फ नाट्य पैदा करने के लिए किसी बुद्धिमान नाटककार द्वारा बुने गए किसी भी नाटक के संघर्ष-प्रसंग और इस नाटक के संघर्ष-प्रसंग के बीच जो फर्क है वही इस नाटक की अलग विशेषता स्पष्ट करने के लिए काफी है। इस नाटक के संघर्ष-प्रसंगों को नाटक की अपरिहार्यता के अलावा भी एक और अपरिहार्यता है, उसे जीने की।

लगता है कि, नाटक दर्शकों के लिए होता है, यह मानने की परंपरा के अंतर्गत जयंत पवार द्वारा यह नाटक स्वयं के लिए, एक आंतरिक जरूरत के तौर पर लिखा गया है। शायद दर्शकों के लिए या किसी प्रतियोगिता के लिए लिखना आरंभ कर अनजाने ही वह इस नाटक की गहराई में डूबता गया होगा, उलझता गया होगा। जब भी कोई बड़ी रचना साकार होती है तब ऐसा सहज ही होता जाता है। ये सब तय करके नहीं किया जा सकता।

नाटककार नाटक का रचयिता होता है, लेकिन बड़ा नाटक नाटककार का रचयिता होता है। मुझे लगता है कि इस नाटक ने जयंत को नाटककार के तौर पर रचा है।

इस नाटक के बाद दूसरा नाटक लिखना जयंत के लिए अब उतना आसान काम नहीं रहा है।

17 मई 1999

— विजय तेंडुलकर

अधांतर

कुछ सालों पहले मुम्बई के मिल मजदूरों की बस्ती कहे जाने वाले लालबाग-परेल का यह इलाका कपड़ा मिलों की हड़ताल की वजह से तहस-नहस हो गया। बीमार मिलें, लंबी खिंच चुकी हड़ताल, फिर मजदूर एकता को तोड़ने की राजनीतिक कोशिशें, उच्च शिक्षा का अभाव, बढ़ती हुई महँगाई, प्रांतीय राजनीतिक दलों की मुँहजोरी ऐसे अनेक कारणों से मिल मजदूरों के परिवार तबाह हुए। बेरोजगारी की गिरफ्त से बचने के लिए नौजवान लड़के अंडरवर्ल्ड की ओर आकर्षित होने लगे। इस भयावह परिस्थिति का वैशिष्ट्यपूर्ण, व्यक्ति रेखाओं और इस मिट्टी का खास लहजा संवाद भाषा के रूप में लेकर लिखा गया नाटक है 'अधांतर'। इस नाटक के नाटककार जयंत पवार को भी अपनी लेखन प्रक्रिया के दौरान विभिन्न भावनात्मक स्तरों पर संघर्ष करना पड़ा। अजीब-अजीब मानसिक दौर और पड़ाव उनकी इस लेखकीय यात्रा के बीच आये। यहाँ अपनी इसी यात्रा को व्यक्त कर रहे हैं जयंत पवार।

'...क्या मैं भी ऐसी ही गाली देना चाहता था?'

अंधेरी के डी. एन. नगर की एक खोली में मैं यूं ही पड़ा था, तब एक शाम प्रकाश जाधव (अभिनेता-मित्र) मेरी खोली पर आया और कहने लगा, 'तेरी 'दीमक' (वालवी) अच्छी है। चलो हम उसका मंचन करें। 'निनाद' इस संस्था के मीटिंग में मैं यह प्रपोजल रखता हूँ।' मैं जरा खुश हुआ, थोड़ा सा उत्साहित भी। इसकी वजह ये है कि मेरे अपने घर से दूर डी. एन. नगर के 14 नंबर इमारत के दूसरे मंजिल के कोने वाली खोली में मुझे आकर डेढ़-दो महीने बीत चुके थे। इसके बावजूद मनचाहा कुछ लिखा ही नहीं जा रहा था। लेखन के लिए नौकरी भी छोड़ दी थी मैंने। मंगेश (कदम) ने सामने वाले होटल का राईस प्लेस का महीने भर का कार्ड बनाकर दे दिया था मुझे। उसने और प्रकाश ने ही उनके शिरधनकर उर्फ शिऱ्या नामक कुँवारे मित्र की यह खाली खोली मुझे दिला दी थी, बिना किसी किराये के। वह शिऱ्या शादी के बाद इस खोली में रहने के लिए आने वाला था। हर रविवार को उसका 'लड़की देखने' का काम जारी था। यानी स्थिति यह थी कि किसी भी पल उसकी शादी तय हो जायेगी और मुझे यहाँ से बोरिया बिस्तर उठाना पड़ेगा। पर बीच-बीच में शिऱ्या शाम को सामने के आरती होटल में या एकाध बार खोली पर भी आता और मुझे बताता कि मुझे लड़कियाँ पसंद ही नहीं आ रही हैं। ये सुनकर मुझे अच्छा लगता था। लेकिन इस खोली में रहते हुए काफी दिन बीत जाने के बावजूद 'कुंकू' लिख ही नहीं पा रहा था। (कुंकू नाम से मैं नाटक लिख रहा था। पर 'कुंकू' (माथे की बिंदी) शब्द से जो चित्र आँखों के सामने उभरता है वैसा कुछ भी इस नाटक से संबंधित मेरी कल्पना में नहीं था। सच तो ये था कि नाटक के इस नाम 'कुंकू' की वजह से मैं अपने आपको जकड़ा-जकड़ा-सा महसूस करता था। पर मंगेश को यही नाम जबरदस्त लगता था और वह चाहता था कि इस नाटक को व्यावसायिक रंगभूमि पर खेला जाए। हमारे पास नाटक के लिए एक निर्माता भी तैयार था। तैयारी भरपूर थी, सिर्फ नाट्यसंहिता ही तैयार होना बाकी था।) एक प्रवेश से आगे कलम बढ़ ही नहीं रही थी। फिर जैसे तैसे दूसरा और तीसरा प्रवेश जोर लगाकर, खींच-तानकर पूरा किया। पर मुझे संतोष नहीं मिल रहा था। मैं जो लिख रहा था उसमें मेरे दिल की बात व्यक्त नहीं हो पा रही थी।

ऐसे रूखे सूखे बाँझ दिनों में प्रकाश जाधव ने मुझे यह बताकर हल्का सा सुखद एहसास ही दिया कि उसे 'वालवी' में इंटरेस्ट है। तब तक मैं 'वालवी' को लगभग भूल चुका था। पहले कभी अतुल दाते को मैंने विल्सन कॉलेज में

आयएनटी के आंतर महाविद्यालयीन प्रतियोगिता के लिए वह एकांकी लिखकर दिया था। उसका प्रयोग कैसा हुआ पता नहीं, पर वह एकांकी पहले दौर में ही बाहर हो चुकी था। उसमें प्रतियोगिता के लिए आवश्यक चटपटा, चित्तरंजक कुछ भी नहीं था। काफी बड़बड़ थी उसमें और था 'कुछ भी न घटित होना'। विल्सन कॉलेज ने बाद में उसका एक और प्रयोग किसी खुली प्रतियोगिता में किया था। पर वह भी सामान्य ही रहा। उसके बाद 'वालवी' किसी कोने में पड़ी रही।

और अब उसके पुनः मंचन के आसार सामने आ रहे थे। पर प्रकाश चाहता था कि यह एकांकी के रूप में नहीं, बल्कि प्रदीर्घ नाटक के रूप में मंचित हो। यह मेरे मन के अनुरूप ही था। इसकी वजह यह थी कि प्रतियोगिता से मैं मानसिक तौर पर कब का बाहर निकल चुका था और अब प्रतियोगिता के लिए कुछ भी नहीं लिखूँगा यह अपने तहत तय कर चुका था। इसके अलावा एक बात और थी कि जब मैंने 'वालवी' लिखी थी तब वह एकांकी के मीटर में नहीं थी। उसकी लंबाई थोड़ी ज्यादा ही थी। एकांकी के रूप में उसका प्रयोग करते वक्त उसे थोड़ा छोटा करना पड़ता था।

मैंने प्रकाश से कहा कि मैं दोबारा स्क्रिप्ट पढ़ना चाहता हूँ। वह जैसी है वैसी हम नहीं खेलेंगे। उसने खुद ही बनायी हुई उसकी एक प्रति मुझे दी। वह अब भी मेरे पास है। मैं उसे पढ़ने लगा और किसी भंवर में जैसे कोई घुसता है उसी तेजी से मैं उसमें डूब गया। उसके भीतर चक्कर काटते हुए गहरा-गहरा जाता रहा। वह पढ़ते वक्त ही मुझे न जाने क्या क्या सूझने लगा और मुझे बहुत कुछ दिखाई भी देने लगा। मुझे वह अवस्था अब भी याद है। 14 नंबर के दूसरे मंजिल पर कोने की उस खोली की एक शाम मैं भीतर-बाहर से गर्म हो चुका था। मैंने तय किया कि मैं उसे रिराइट करूँगा और मैंने हाथ में नया पैड ले लिया। ये बात है 1990 के अगस्त-सितम्बर की।

अब मेरे सामने 'वालवी' की जो पहली स्क्रिप्ट है उस पर सेंसर बोर्ड का स्टैंप लगा हुआ है और उस पर 745/7-8-1987 ऐसा डीआरएम नंबर लिखा हुआ है।

अतुल दाते (प्रसिद्ध गायक अरुण दाते का बेटा) उन दिनों फिल्म साप्ताहिक 'चंदेरी' के मेरे ऑफिस में आकर बैठा करता था। अपनी मैडम मंगला आठलेकर के कहने पर वह मुझसे मिला था। उसी प्रकाशन समूह के खेल साप्ताहिक 'षटकार' में मेरे साथ काम करने वाले उमेश आठलेकर की बहन थी मंगला आठलेकर। उमेश ने शायद मेरे बारे में उसे बताया होगा और आयएनटी के लिए कोई एकांकी की चाहत के साथ उसने अतुल को मेरे पास भेजा होगा। अब ज्यादा विस्तार से कुछ याद नहीं आता, पर इतना याद आता है कि उसके दो-तीन बार आने के बाद मैंने उसे सात-आठ पन्ने लिखकर दिए थे। यह सब हाथों हाथ यानी मेरी हमेशा की आदत के

अनुसार तुरत फुरत किया था मैंने। स्क्रीप्ट सबमिट करने की आखिरी तारीख को मैंने उसे चार पन्ने लिखकर दिए थे, इसके बावजूद उसका अंत लिखना अभी बाकी ही था। लेकिन मैंने एक पन्ने पर उसका आखिरी हिस्सा कैसा होगा ये सारांश के तौर पर लिख दिया था। आज जो सेंसर द्वारा पास की गई प्रति मेरे पास है उसी में आखरी हिस्सा सारांश रूप में ही लिखा हुआ है। उसके अंत में एक वाक्य है, 'यह परिवार यानी समाज का प्रतिबिंब है'। यह वाक्य मेरे अक्षरों में लिखा हुआ नहीं लगता। शायद अतुल ने ही लिखा होगा। पर यह सच है कि उस एकांकी के परिवार में समाज की प्रातिनिधिक छवि उभरती थी।

आज जो 'अधांतर' सामने है उसकी शुरुआत इस तरह हुई थी। पर क्या यह उसकी सचमुच शुरुआत थी? 'वालवी' के पात्र प्रातिनिधिक भले ही हों, पर क्या वह अनुभव प्राथमिक था?

1984 में कभी मैं एक बार हमारी संस्था 'निनाद' के विजय मोंडकर के घर गया था। राज्य नाट्य प्रतियोगिता के लिए मैंने नाटक लिखना शुरू किया था। (जो कभी पूर्ण हुआ ही नहीं) उसका एक प्रवेश मैंने लिखा था और मैं उसे मोंडकर को पढ़कर सुनाना चाहता था। उसका पाठ पूर्ण होने पर जाते जाते मैंने अपने दिमाग में घूम रही एक थीम के बारे में मोंडकर को बताया...

एक घर है। तीन नौजवान लड़के घर में कुछ न करते हुए खाली बैठे हैं। शादी के योग्य बहन भी है उनकी। लेकिन घर चलाने के लिए कोई कुछ नहीं करता। इसमें जो बड़ा है वह बुद्धिवादी है। वह हमेशा किताबों में डूबा रहता है, साहित्यकार है। चर्चा, साहित्यिक विवाद आदि में वह हमेशा खोया रहता है। मझला बेरोजगार है। क्लर्की उसका लक्ष्य है। लेकिन नौकरी नहीं मिलती। उसके लिए वह खुद परिश्रम भी नहीं करता। सबसे छोटा जो है वह आउटलाइन पर जा चुका है। यानी गुंडा बनने की राह पकड़ चुका है। बहन रोमांटिक है, अपनी ही दुनिया में खोयी खोयी सी। परिवार में अकेली माँ ही है, जो मेहनत करती है। सिलाई, बुनाई, मेहनत-मजदूरी कर घर को ढ़ोती हुई। बाप को पैरेलिसिस हो चुका है। और वह बिस्तर पकड़ चुका है। संपूर्ण एकांकी में कुछ भी नहीं होता। मामूली सा विवाद होने पर भी तीनों भाई एक-दूसरे से भिड़ जाते हैं। माँ बार बार उनका झगड़ा निबटाती है। मुझे ये सब धुँधला-धुँधला सा दिखाई दे रहा था। लेकिन अंत मेरी नजरों के सामने एकदम स्पष्ट था। अंत में छोटा बेटा कुछ बड़ा लफड़ा करके घर पे आता है और माँ से पैसे माँगता है। माँ किताबों की पटिया के पीछे छुपाई हुई डिबिया से पैसे निकाल कर उसे देती है। पर उसके धक्के से पटिया कम शेल्फ पर रखी हुई किताब नीचे गिरती है। सबके ध्यान में आता है कि उसे दीमक लग चुकी

है। माँ चीखती है। बड़े लड़के को गुस्सा आता है। इसकी वजह ये है कि फुटपाथ पर कम दामों में किताबें बेचने वाले किसी दुकानदार से बड़ी मुश्किल से उसे प्राप्त हुआ वह सौंदर्य समीक्षा का ग्रंथ है। वह उस किताब को साफ करने लगता है। माँ पटिया झाड़ने की कोशिश करती है। तब उसके ध्यान में आता है कि दूसरी किताब को भी दीमक लग चुकी है। वह उसे निकालती है तो पता चलता है कि आसपास की कई किताबों को दीमक लग चुकी है। सारी पटिया ही दीमक से भर चुकी है। वह सारी किताबें निकालकर रखती है तब उसे दिखाई देता है कि उसके पीछे जो दीवार है उसे भी दीमक कुरेद चुकी है। वह घबरा जाती है, शोर मचाकर सबको उठाती है और कहती है कि इसे साफ करो। लड़के झाड़-पोंछ शुरू करते हैं पर थोड़ी ही देर में उन्हें बोरियत होने लगती है। वे कहते हैं कि यह दीमक अभी इन दिनों नहीं लगी है बल्कि काफी दिनों से है। तब भी दीवार तुरंत नहीं गिरेगी। शाम को केमिस्ट से दीमक मारने की कोई जालिम दवा लाते हैं और खत्म कर देते हैं यह दीमक। 'अभी ऐसी क्या जल्दी है?' ऐसा कहकर वे फिर सो जाते हैं। नीचे किताबों का ढेर लग चुका है। माँ अकेली किताबों को झाड़-पोंछ रही है। भीतर पैरालिटीक बाप कराह रहा है। यहाँ एकांकी या उस दीर्घ अंक का अंत होता है।

मोंडकर ने तब कहा था, 'इसे पहले एक बार लिख ले। अच्छा है।' एकांकी का नाम भी मैं तय कर चुका था--'वालवी'। मन ही मन यह तय कर चुका था कि इसे जल्द ही लिखूँगा। यह तय करते हुए ही मैं मोंडकर के घर से लौटा था। पर मैं उसे तुरंत लिख नहीं पाया। बाद में लिखा 1987 में। नाट्य प्रतियोगिता के लिए।

मोंडकर को सुनाते वक्त विषय थोड़ा क्लियर होता गया था। पर उसे भी इस नाटक की शुरुआत नहीं कहा जाएगा। यह बीज मेरे दिमाग में कब पड़ा? कैसे फूला फला? यह निश्चित तौर पर मैं बता नहीं पाऊँगा। फिर भी एक प्रसंग झक्क से आँखों के सामने उभरता है।

रात के 10 या साढ़े 10 बजे होंगे। मैं कहीं से काफी थककर घर लौटता हूँ। दरवाजा भिड़काता हूँ। मुझे लगता है कोई मुझे खाना परोस कर दे। पर कोई नहीं उठता। माँ, बहन कोई भी नहीं। माँ सर के नीचे हाथ रखकर सोई हुई है। बहन खुद में ही डूबी हुई है। भाई बिस्तर पर पड़ा हुआ है। एक अब भी घर नहीं लौटा है... मैं कहता हूँ, 'खाना परोसो'। किससे कहता हूँ मुझे ही नहीं पता। पर हमेशा बड़ी तत्परता के साथ मेरे लिए उठ खड़ी होने वाली बहन कहती है, 'खुद ही ले ले'। मैं चिढ़ता नहीं। लेकिन अचानक कहीं कुछ टूटने का एहसास मुझे घेरने लगता है। मैं खाना परोस लेता हूँ। ठंडे दाल-भात को मींज कर खाते वक्त बहुत थकान महसूस करता हूँ। बीमारी से जैसे शरीर टूट जाता है, वैसे ही थक जाता हूँ मैं। तब

एक ही विचार मँडराता रहता है... किसलिए कुछ करें ?

मुझे 'वालवी' के संदर्भ में यह एक प्रसंग ठीक जैसा का तैसा याद आता है। बाकी सब टुकड़ों-टुकड़ों में नजर आता है। हमारे घर के अटाले की जो दीवार थी उसे बार-बार दीमक लगा करती थी। अटाला साफ करते वक्त उसे खुरच कर निकालते थे हम। पर साल, छ: महीने बाद फिर दीमक की रेखा उभर आती। मुझसे छोटा भाई हमारी चाल के बीच जो चौक है, वहाँ की एक खिड़की पर अकेला ही अपनी धुन में बैठा दिखाई देता। छोटी मोटी नौकरी करता था वो, पर जो कुछ वेतन के तौर पर मिलता वे पैसे वो कभी नहीं देता। उस वजह से मैं चिड़चिड़ा जाता और वह वैसा ही निश्चित रहता। यह दृश्य इस तरह ही था। और एक बात, मैं रात को साढ़े बारह बजे मिल की सेकंड शिफ्ट पूरी करके या नाटक की रिहर्सल कर दस साढ़े दस बजे घर लौट रहा हूँ। हमारी गली आते ही पेट में घबराहट भरी धकधक शुरू हो जाती। पता नहीं घर में कदम रखते ही छोटे भाई ने कुछ नया लफड़ा करके रखा होगा। आज किस नई आफत का सामना करना होगा ? इस तरह के विचार मन में उभरते।

'समाज का प्रतिबिंब दिखाई देता है' ऐसी प्रतिक्रिया प्राप्त कर चुके मेरे लेखन की शुरुआत इस तरह के अत्यंत व्यक्तिगत अनुभव में कहीं छुपी थी। धीरे-धीरे बढ़ते जाने वाली दीमक की लकीर, वह घिरती जाने वाली असुरक्षा, भय, खोता हुआ या जो मूलत: न होने के कारण भविष्य में कभी आयेगा ही नहीं, इस तरह सेल्फ कांफिडेंस में उभरते विचार और हम थक रहे हैं, हार रहे हैं, यह एहसास रूपी मूलतत्व लेकर ही मैंने लिखना शुरू कर दिया। तब उसमें से कितना कागज पर उतरा पता नहीं। बहुत कम उतरा होगा। कारण मैं उन पात्रों को प्रातिनिधिक स्वरूप में देखने लगा था। मैंने एक सूत्र तय किया था कि सारे समाज को दीमक कुरेद रही है। बड़ा लड़का बुद्धिवादी है। वह निष्क्रिय है, खुद किनारे पर खड़े रहकर औरों को बड़ी-बड़ी सलाह देता है। समाज की घटनाओं का या उलट पलट का उस पर जरा भी असर नहीं होता है। उसके मन में गुंडा बन चुके छोटे भाई के प्रति नफरत है। समाज में भी बुद्धिवादी और अपराधी जगत के बीच संबंध नहीं होता है। दोनों एक-दूसरे से नफरत करते हैं। बीच का भाई हर मामले में सामान्य और नपीतुली औकात वाला है। बस कहीं बाबूगिरी करने जितनी ही क्षमता है उसके पास। पर वह भी निष्क्रिय है। ये भाई नौकरी खोजने के लिए भी प्रयत्न नहीं करता। मैंने सोचा कि मध्यमवर्गीयों में जो शिथिलता या उदासीनता होती है वह उसमें दिखाई दे सकती है। बहन नखरैल है। सजने-सँवरने की चटक लगी है उसे। सुख की सस्ती कल्पना में वह रमती है। यह एक मौजमस्ती, सुख प्राप्ति को ही उद्देश्य मानकर उसके लिए नैतिकता के मुद्दे को गौण करार देने वाला वर्ग है। छोटे भाई की स्थिति

ये है कि घरवालों द्वारा बराबर ध्यान न दिए जाने के कारण निरंतर नजरअंदाज किये जाने की वजह से दिशाहीन हो चुका या किसी गलत दिशा की ओर बढ़ चुका है। गिरते हुए मूल्यों की दुनिया की ओर तेजी से बढ़ने वाले नौजवानों का प्रतिनिधि। इनमें से सिर्फ माँ ही सकारात्मक रूप से खटती हुई लगती है। मेहनत कर रही है, मर–खप रही है। समाज में यह भी एक वर्ग तो है ही, पर उसकी कोशिश कम पड़ती है (इसलिए उसे एक पाँव से लँगड़ते हुए दिखाया गया है)। पर अन्य किसी को भी उससे लेना देना नहीं है। ऐसे लोगों की यही ट्रेजेडी है।

मेरा खयाल था कि इस तरह प्रातिनिधिक रूप देने के बाद मेरे लेखन का वेटेज बढ़ेगा। उसके अनुसार मैंने जो कुछ लिखा वह कई लोगों को अच्छा भी लगा। विल्सन कॉलेज में दो प्रयोग करने के बाद सारस्वत बैंक की ओर से संजीव पंडित ने उसके दो और प्रयोग किये। पर अब ऐसा लगता है कि मैंने अपने अत्यंत निजी अनुभवों की ओर अधिक ममताभरी नजर से देखने के बजाय उसके हिस्से बनाकर और उसका मोटे मोटे तौर पर वर्गीकरण करते हुए मैंने उस अनुभव को चुनवा डाला। वास्तव में 'वालवी' की माँ में अंशतः मैं खुद था। बड़े बेटे और छोटे भाई में भी मैं था। लेकिन एकांकी में मुझमें ही घुले मिले ये तीन रूप मैंने तीन व्यक्तिरेखाओं में बाँट दिए थे।

मुझे लगता है कि अपने नाट्य लेखन परंपरा का भी इसमें अप्रत्यक्ष रूप से कुछ हिस्सा है। हम जो भोगा हुआ अनुभव प्रस्तुत करना चाहते हैं उसे सार्वत्रिक और सर्वकालिक रूप देने की ओर अनेक बार हमारा झुकाव होता है। हम सोचते हैं कि हमारा जो अत्यंत निजी है वह औरों को किस हद तक समझ में आयेगा और फिर हम गुत्था हो चुकी उस सोच को अलग–अलग करने लगते हैं। जटिलता को सुलभ करने की कोशिश करते हैं। वैसे हरेक की कोशिश तो यही होती है कि वह जो लिख रहा है वह किसी के दिल तक पहुँचे और किसी भी काल में बांसी न लगे। इस तरह अजर, अमर कलाकृति का सृजन उसके द्वारा हो। यह कॉम्प्लेक्स और जद्दोजहद बतौर लेखक सुप्त रूप से मुझमें चू रही होगी। इस कारण भाषा भी मराठी नाटकों की भाषा के अनुरूप होती गई।

कुल मिलाकर एकांकी ठीकठाक लिख लिया होगा, फिर भी उसे आम करने के चक्कर में मैंने उसका सामान्यीकरण कर दिया था और उसे नाटा बना दिया था। शायद इसीलिए अंतड़ियों को निचोड़ने वाला विषय होने के बावजूद एकांकी के दो चार प्रयोगों के बाद प्रकाश द्वारा याद दिलाये जाने तक वह मेरे मन में काफी कुछ शेष नहीं बची थी। अर्थात यह सब मुझे आज महसूस हो रहा है। उस समय मेरा रिएक्शन क्या था, पता नहीं। फिर भी 'वालवी' को दोबारा पढ़ते वक्त भले ही मैं

थ्रिल हो चुका था, पर उसका उसी रूप में मंचन न करने की बात पढ़ते वक्त ही मुझे महसूस होने लगी थी। पढ़ते समय ही इसमें क्या बदलना चाहिए और क्या अतिरिक्त जोड़ना चाहिए ये सब मन में एकत्र होने लगा था।

'वालवी' एकांकी के तौर पर मैंने लिखा जरूर पर एकांकी से संबंधित गणित उसको लेकर मेरे दिमाग में था ही नहीं। वह दीर्घ अंक बन चुका था। और कुल जमा मामला घंटे भर का हो चुका था। उसे बढ़ाया जा सकता था। जानबूझ कर बढ़ाने की जद्दोजहद भी करनी नहीं थी। मेरे दिल में उसके कई विवरण स्पष्ट होने लगे थे। अर्थात तब भी यह समाज का प्रतिबिंब है, ये इस वर्ग का प्रतिनिधि, वो उस वर्ग का, यह सब दिमाग से गया नहीं था। लेकिन इस दीर्घ अंक का एक स्ट्रक्चर तय हो चुका था और उसे जरा भी न छेड़ते हुए व्यक्तिरेखाओं को खिलाना सम्भव था।

वह दीर्घ अंक तीन हिस्सों में विभाजित था। यानी तीन सीन नहीं थे, पर एक ही दिन की तीन अवस्थाएँ थीं। पहला हिस्सा सुबह 9-10 बजे शुरू होकर दोपहर तक चलता था। पात्रों के नाम आज जो हैं, पहले भी वही थे। यानी बड़ा बेटा बाबा, मंजला मोहन, छोटा नरू और बेटी मंजू। बाबा का मित्र सतीश, जो कवि है। माँ तो इस नाटक की संहिता की रीढ़ ही है। इसके अलावा इन लड़कों के पिता भी थे, पैरालिसिस से जर्जर हो चुके। खोली लकड़ी के पार्टीशन से दो हिस्सों में विभाजित। पार्टीशन को लगकर ही भीतरी हिस्से में कॉट, उस पर पिताजी यानी अण्णा सोए हुए दर्शकों को उनके पाँव दिखाई देते। 'वालवी' की शुरुआत ही अण्णा के चीखने से होती। 'वालवी' में मैंने बतौर रंग-सूचना लिखा था कि अण्णा को करवट बदलनी हो, पेशाब के लिए पॉट की जरूरत हो, बाहर किसी की आवाज सुनकर उन्हें प्रतिक्रिया व्यक्त करनी हो तब वे चीखते। उनका चीखना-चिल्लाना, तड़पने की तरह बेसुरा होता। अपनी भावनाओं पर भी उनका कंट्रोल नहीं है। जब उन्हें बुरा लगता है तब वे जोर-जोर से रोने लगते या कोई मामूली-सा जोक भी सुनाये तो झुनझुने की तरह हँसने लगते। उनके इस रोने, हंसने, चीखने की चमत्कारिक आवाजों का मैंने डिवाइस की तरह उपयोग किया था।

मैंने अपने बड़े चाचा को लगातार 8-9 साल तक पैरालिसिस के मरीज के तौर पर बिस्तर पर देखा था। वे इसी तरह हँसते-रोते। तब मुझे उनकी आवाज भयानक लगती थी। मेरा चचेरा भाई, उसकी पत्नी उनकी भरपूर सेवा करते। पर वह सब देखना क्लेशदायी था। हम सब साथ ही रहते थे और इन्हीं चाचा से लिपटकर मैं सोया करता था। मेरे पिताजी को भी बाद में पैरालिसिस का जबरदस्त अटैक आया था। पर उसी अटैक में उनकी मृत्यु हुई। सच कहता हूँ उस अटैक की वजह

से हुई मेरे पिता की मौत से मुझे सचमुच बहुत अच्छा लगा था। वे मुझे सबसे प्रिय थे। और जब वे गए तब मेरी उम्र थी 17 साल और मेरे भाइयों की उम्र क्रमश: चौदह, बारह, ग्यारह और आठ थी। इसके बावजूद मैं कह रहा हूँ कि उनका मर जाना मुझे अच्छा लगा था। यह कई लोगों को सिनिकल लग सकता है। मुझे भी आज यह विचित्र लगता है। पर मैं कह रहा हूँ, कारण 'अधांतर' का बाबा भी ऐसा ही सोचता है। लोगों को वह निर्दयी, सिनिक, कई बार दुष्ट लगता है। पर ऐसा नहीं है। मैं बाबा को समझ सकता हूँ।

थोड़ा विषयांतर हो गया था, पर अण्णा मेरे नाटक की संहिता का महत्त्वपूर्ण हिस्सा थे। शुरुआत ही उनके चीखने से होती और जब परदा गिरता तब भी वे कराह रहे होते। जैसे अण्णा उस घर की गर्दन पर बैठी सबकी नियति थे। नाटक का एक हिस्सा विशिष्ट बिंदु तक पहुँचते ही उनके रोने-चीखने से दृश्य फ्रीज हो जाता। प्रकाश थोड़ा सा बदलता, और अगला भाग शुरू होता। दूसरा हिस्सा दोपहर से शाम के बीच घटित होता। तीसरा हिस्सा एकदम शाम ढलने पर होता। एक ही दिन के ये तीन चरण। विशेष कुछ भी नहीं घटता। सिर्फ तनातनी-बकबक। सारे भाई एक-दूसरे को चुभने वाली बात ही करते हैं। जरा जरा सी बात पे आस्तीनें चढ़ा लेते हैं। उनके झगड़े निपटाते निपटाते माँ सूखकर आधी हो गई है। पहले भाग के अंत से थोड़ा पहले सतीश आता है। और बाबा को 'आलोक' में छपे (सच तो यह है कि उसे 'आलोचना' कहना चाहिए) उसके लेख के बारे में बताता है। बाबा उसे चाय पिलाता है। दृश्य फ्रीज होकर सतीश बाबा पर ही फिर शुरू होता है। इसके माध्यम से यह फील देने की कोशिश थी कि करीब दो-तीन घंटे उनकी चर्चा वैसे ही जारी है। बाद में क्रोचे के सौंदर्यशास्त्र पर एक स्टेटमेंट पर उनकी बहस। सतीश जाता है। नरू आता है। 'वालवी' का नरू अभी अंडरवर्ल्ड का हिस्सा बना नहीं। उसकी रहन-सहन पॉश है। गले में सोने की चेन है और हाथों में अँगूठियाँ। वह एक्सपोर्ट इम्पोर्ट का धंधा करता है। उस दौर में हमारे इलाके में ऐसे कई लड़के थे जो बंदरगाह पर काम करते थे और कस्टम से बड़ी-बड़ी कीमतों वाली घड़ियाँ, टेपरेकॉर्डर लाते, उन्हें बेचते और फिर मोटर बाइक्स पर मस्ती करते हुए घूमते। नरू उन्हीं में से एक था। वह पॉश रहता, मंजू को सेंट वगैरह लाकर देता। इसलिए वह भी उसे बहुत चाहती। वह भी बहन को प्यार करता। अक्सर छोटे भाई बहनों में ऐसा करीब का रिश्ता होता ही है। मंजू कंपनी में काम करने लगती है। उसकी सहेलियाँ डेली वेजेस पर कंपनी में काम करके पैसे कमा रही हैं। और थोड़ी सी मौज मस्ती भी करती है। मंजू को उन सबका आकर्षण है, मगर नरू उसे उनके साथ जाने नहीं देता। अपनी बहन कंपनी में काम करे यह बात उसे हल्की लगती है। मंजू

भी परमिशन नरू से ही माँगती है। बड़ा भाई होने के बावजूद बाबा से इस बारे में नहीं पूछती। नरू मंजू को मना करता है। नरू के जाने के बाद मंजू सज धज कर सहेलियों के साथ हनुमानजी के मन्दिर में जाने के लिए निकलती है। जाते समय फूल-हार के लिए पटिये पर रखे पैसे उठाती है। इस पर माँ चिड़चिड़ाती है। इसके बाद क्लांत होकर बैठी माँ का स्वगत। कुछ खुद से, कुछ पति को संबोधित करते हुए, थोड़ा सा ईश्वर से बातें करते हुए वो बड़बड़ाती है। एक जमाने में अण्णा का बड़ा रुतबा था। वेतन मिलने पर हर बार एक कलदार रुपया वे पत्नी के हाथ पर रखते और कहते मेरे तीनों बेटे यानी तीन कलदार रुपये हैं। उन कलदार रुपयों की चिल्लर (रेजगारी) हो चुकी है, यह सब माँ के स्वगत से व्यक्त होता। दृश्य फ्रीज, इसके बाद आखिरी हिस्सा शुरू होता, तब शाम ढलने लगी है। फिर भी मन्दिर में गई मंजू अब तक लौटी नहीं है। इसलिए माँ चिंतित है। माँ मोहन से पूछती है कि कितने बजे हैं ? मोहन बाबा से पूछता है। घर की हर छोटी-छोटी बात को ध्यान से देखने वाले मोहन के ध्यान में आता है कि बाबा के हाथ में घड़ी नहीं है। अण्णा की फेवरलुबा कंपनी की घड़ी वो पहना करता था। मोहन को शक है कि बाबा उसे बेच चुका है। उसके बारे में बाबा को बार-बार पूछकर उसे वह इरिटेट करता है। पर बाबा एकबारगी कह देता है—'हाँ, बेचा'। तब माँ को सदमा-सा लगता है। खूब पुरानी पर एकदम फालतू हो चुकी घड़ी मात्र बीस रुपये में बेचने में बाबा को बुरा नहीं लगता। पर माँ कहती है, 'उनके पास वह घड़ी बीस साल तक थी। जान से ज्यादा प्यारी थी वो।' अण्णा के अस्तित्व का वह एक चिह्न थी। उसके खो जाने से माँ व्यथित होती। मुझे यह हिस्सा बहुत अच्छा लगता था। नाटक की संहिता में बाद में अनेक परिवर्तन मैंने किये। पर यह हिस्सा जरूर रखा। आखिरी वर्जन में मजबूर होकर मुझे उसे निकालना पड़ा। इस छोटे से विवाद के बाद अण्णा द्वारा फिक्स डिपॉजिट में रखे हुए और अब मैच्योर हो चुके सात हजार रुपयों पर बहस होती है। माँ ये पैसे मंजू की शादी के लिए खर्च करना चाहती है। वहीं बाबा अपने दोस्त से बतौर कर्ज लिए दो हजार रुपये चुकाने के लिए उसका उपयोग करना चाहता है, दूसरी ओर मोहन को नौकरी पाने के लिए कहीं रिश्वत देने के लिए ये पैसे चाहिए। इसी बहस के दौरान नरू मंजू को पीटते हुए घर आता है। वह मन्दिर के बहाने घर से निकलकर सिनेमाघर में बनिये के बेटे के साथ फिल्म देखने गई थी। नरू बनिये के बेटे की भी पिटाई कर चुका है और बाद में मंजू को पीटते हुए घर लाता है। सब अवाक् रह जाते हैं। नरू माँ से पैसे माँगता है। वे पटिये पर रखी डिबिया निकालकर पैसे देती है। नरू पैसे लेकर भाग जाता है। लेकिन पटिये पर रखी किताब धक्के से नीचे गिरती है। उसे फिर से पटिये पर रखते वक्त माँ के ध्यान में आता है कि

किताब को दीमक लग चुकी है। बाद में एक के बाद एक किताबें नीचे रखी जाती हैं। मंजू को सेठ के बेटे के साथ सिनेमा घर में देखने के बाद नरू द्वारा हुई उसकी पिटाई और अपमान भी सब भूल जाते हैं और किताबों की दीमक झाड़ने लगते हैं। मंजू भी अपने आप को संभाल कर कोने में बैठती है। लेकिन मोहन लेट जाता है। बाबा किताबों के ढेर से एक मोटी सी किताब उठाकर कोने में बैठकर पढ़ने लगता है। मंजू भी बैठे-बैठे लेटने की मुद्रा में आ जाती है। माँ अकेली ही जल्दी जल्दी दीमक साफ करती रहती है। अण्णा चीखने लगते हैं। और यही परदा गिरता है।

इस ढाँचे को वैसे ही रखने के बावजूद मुझे इसमें कुछ अतिरिक्त बातें नजर आने लगीं। जैसे मंजू की सहेली चित्रा और नरू का पंटर बटर का आना और उसी के तहत मंजू और नरू की दुनिया के बारे में जानकारी मिलना। बाबा की दुनिया तो सामने आ ही रही थी। लगा कि अब इन दोनों के बारे में और अधिक जाना जा सकेगा। मोहन सहसा घर छोड़कर जाता ही नहीं था। उसका एकमात्र काम था क्रिकेट की कमेंटरी सुनना। मुझे लगता है कि उसकी चिड़चिड़ाहट से उसका सफोकेशन, औरों से जरा जरा सी बात पर चुभते हुए अंदाज में बोलना, ट्रैप करने से मिलने वाला विचित्र संतोष व्यक्त होता है।

अब महत्त्वपूर्ण बात ये हो रही थी कि मुझे नाटक की संहिता की भाषा चुभने लगी थी। खास तौर पर नरू जो बोल रहा है वह भाषा। मुझे वह काफी स्वादहीन लगी और नरू कमजोर लगने लगा। अन्य पात्रों की भाषा में भी मुझे लगा कि कुछ परिवर्तन करना चाहिए। पर उनकी भाषा चुभ नहीं रही थी। लेकिन नरू को अगर इसी अंदाज में रखा जाये तो मैं उसे उसी ढंग से व्यक्त नहीं कर पाऊँगा ये बात मेरे ध्यान में आ गई। मैंने तय कर लिया कि संवाद की भाषा पर अब मैं काम करूँगा।

भाषा को संस्कार देने का, बल्कि संस्कारित भाषा को तोड़ने-मरोड़ने का निर्णय मैंने बहुत सोच-विचार कर किया। 'वालवी' से 'अधांतर' लेखन प्रक्रिया में जो बातें मैंने विशिष्ट हेतु के साथ कीं, उसमें से यह पहली है। मुझे कुछ महसूस हो रहा था। पर क्या ? पता नहीं। इस बीच और इससे पहले कुछ घटनाएँ हुई थीं जो मुझे अपने लेखन की पुनर्रचना करने के लिए विवश कर रही थीं। उन्हें यह बताना जरूरी है।

1987 में 'वंश' लिखकर राज्य नाटक प्रतियोगिता में उसकी प्रस्तुति के बाद और उसके बाद व्यावसायिक रंगमंच पर उसके मंचन के बाद भी उस सफलता का कोई उपयोग मेरे लेखन के संदर्भ में नहीं हुआ था, बल्कि मुझमें यह अपराध बोध जाग रहा था कि जो मुझे लिखना नहीं था वही मैं लिख बैठा हूँ। इसी अवस्था में अगले तीन वर्ष कुछ भी नहीं लिखा। क्या लिखना नहीं चाहिए यह समझ आने लगी थी, पर क्या लिखना चाहिए यह नहीं समझता था। उन्हीं दिनों मेरे लिखे

एकांकी 'लिअर' को 'इस्कस' की प्रतियोगिता में पहला पुरस्कार मिला। वहाँ मल्लिका अमर शेख भी निर्णायक मंडल में थीं। उसके बाद कुछ महीनों से किसी कारणवश मुझे सात रस्ता इलाके में स्थित उनके घर जाने का मौका मिला। तब नामदेव (ढसाल) वहाँ थे। उनसे मुझे कुछ काम नहीं था बल्कि वे मुझे जानते तक नहीं थे। पर मल्लिका ने मेरे एकांकी की तारीफ उनसे करने पर (वह एकांकी भी मुझे विशेष पसंद नहीं था) नामदेव मेरी ओर देखते हुए बोले, 'तुझमें टेलेंट है, मुझे मालूम है कि तू शार्प लिखता है। पर ऐसा कुछ भी मत लिख। ये मिडल क्लास कल्चर अपना नहीं है। अपना कल्चर ही अलग है।' उन्होंने इतना ही कहा पर न जाने क्यों और कैसे, लेकिन वे जो कहना चाह रहे थे वह तत्क्षण मेरे दिमाग में बिजली की तरह कौंधा। जब मैं वहाँ से निकला तब चार्ज हो चुका था, इतना ही याद है मुझे।

उन्हीं दिनों 'निनाद' के लिए मैंने आनंद यादव के उपन्यास 'नटरंग' का नाट्य रूपांतर करना आरंभ किया। यह उपन्यास मंगेश और प्रकाश ने मुझे दिया था। चमारों के टोले में रहने वाला एक युवक अपना तमाशा का दल बनाने के लिए जद्दोजहद करता है। वह अपने वग (तमाशा की एक विधा) में राजा बनने का सपना देखता है। पर उसे बनना पड़ता है 'नाच्या' (हिजड़े की तरह नाचने वाला 'तमाशा' का पात्र)। अपनी कला के लिए वह कई बातों का त्याग करता है। कई लोग उसे छोड़कर जाते हैं। अंत में दुनियादारी के लिहाज से वह खुद भी तबाह हो जाता है आदि। उपन्यास पढ़ते ही मुझे मेरे नाटक का फॉर्म मिल चुका था। पर उपन्यास की भाषा ने भी मेरा ध्यान आकर्षित किया था। उस चमार युवक का एक्सप्रेशन सड़क छाप शब्दों में अजीब अजीब गालियों के साथ रफटफ अंदाज में व्यक्त होता था। उपन्यास को बार बार पढ़कर मैंने वह एक्सप्रेशन अपने में उतार लिया। मुझे उसकी भाषा जम चुकी थी। इसीलिए वह मुझमें समा गई और नाट्य रूपांतर के वक्त कागज पर उतरी। सेंसर ने नाटक पर रोक लगाने की कोशिश की और अनेक कट्स भी सुझाये, तब मैंने उन्हें समझाया कि यहाँ, गालियाँ क्यों जरूरी हैं। अमुक वाक्य किस तरह से बोला जाएगा आदि समझाकर, उनसे बहस करके मैं वहाँ से लौटा था। सिर्फ गालियाँ ही नहीं तो कोल्हापुर, बेलगाँव का भाषाई लहजा, वहाँ के विशिष्ट शब्द प्रयोग, मुहावरे भी उतने ही महत्त्वपूर्ण थे। उस भाषा को एक विशेष वर्ग की धार थी। और उस धार को मैं पकड़ चुका था। वह सब मैंने बहुत समझ-बूझ कर नाट्य रूपांतर करते वक्त कागज पर उतारा था।

इसी पार्श्वभूमि पर अब मैं 'वालवी' की भाषा पर विचार कर रहा था। ड्रास्टिक बदल नरू की भाषा में ही होने वाला था। मैंने उसकी भाषा बिगाड़ना शुरू

किया। बतौर उदाहरण—'क्या मैं चित्रा के साथ कंपनी में जाऊँ?' जब वह नरू से यह पूछती है तब नरू कहता है, 'अगर कंपनी में जाएँगी तो एक झापड़ मारूँगा। मैं मर गया हूँ क्या ? लाता हूँ न पैसे घर में ? कंपनी में काम करने वाली हर लड़की आउटलाइन हो गई है। तू नहीं जाने का वहाँ। ये माँ है ना, उसको भी दूसरा काम नईं है। जब देखो तब पैसे पैसे करते रहती है। इतने पैसे इसकू लगते, तो ये दो बैठे हैं ना हाथ पर हाथ रख कर। मार इनके गांड पर एक एक लात और भेज काम पे।'

नरू की भाषा मिलते ही मुझे लगा कि उस कैरेक्टर को मैं पकड़ चुका हूँ और धीरे-धीरे वही प्रधान पात्र होने लगा। मुझे आखिरी दृश्य दिखाई देने लगा। नरू बनिये के बेटे को पीटता है इससे पहले उसके साथ मंजू को देखकर मंजू को भी उसने पीटा होगा। बाद में जब वो लड़का बीच में पड़ा होगा तो तैश में आकर नरू उसपे चढ़ बैठा होगा। बनिया का बेटा कहता है, 'पहले अपने बहन को पूछ। वही सोने को आती है मेरे नीचे।' नरू के शब्द मुझे स्पष्ट सुनाई देते हैं। 'अपनी तो सरक इच गई थी। आज पैंट में घोड़ा नहीं था, नईं तो पूरा घोड़ा खाली कर देता उसपे...भेनचोद, भिड़ता है और ऊपर से बोलता है...अपने तो खोपड़ी ही खिसक गई। साले को खूब तुड़ाया। पूरा फोड़ दिया।...'

जिस लाड़ली बहन की शादी की उसे चिंता है और अपने से बेहतर इज्जतदार लड़के से उसकी शादी होना यह उसकी दिली ख्वाहिश है, ऐसी बहन को बेइज्जत होते, दूसरे के नीचे सोते हुए देखकर उसका गुस्से से आगबबूला होना स्वाभाविक है। यह सब देखकर वह सन्न रह जाएगा। इसी अवस्था में वह बनिये के बेटे को पीटता है, वह छटपटा रहा है। लोग देख रहे हैं। पर नरू उसे हाथों से, लातों से लगातार पीटता जा रहा है। मेरी नजर के सामने आने लगता है कि अब वह बनिये का बेटा नरू के हाथों मर जाएगा।

और इसके साथ ही वह गाली मेरे सामने ही दन्न से आकर गिरी। मोहन, नरू से कहता है, 'बनिया चुप नहीं बैठेगा, वह पुलिस कम्प्लेंट करेगा। पुलिस उठाएँगे तेरेको।' तब नरू कहता है, 'अगर पुलिस यह सीढ़ी चढ़े तो, माँ चोद के रखूँगा एक-एक की!' मुझे दिखाई देने लगा कि नाटक एक क्लाइमेक्स की ओर बढ़ रहा है। लगा कि नरू यही कहेगा। इसके अलावा उस क्षण उसकी जुबान पर दूसरा शब्द आ ही नहीं सकता। उस समय मेरे दिमाग में ये बातें जरा भी नहीं आईं कि क्या नाटक में यह गाली चल सकेगी, क्या वह भूमिका करने वाला कलाकार उसका उच्चारण करेगा, क्या उस गाली के साथ नाटक की स्क्रिप्ट सेंसर पास करेगा? वह नरू की जिंदगी का अत्यंत महत्त्वपूर्ण क्षण था। इस पार या उस पार ऐसे फिसलन और मोड़ भरे किनारे पर वह खड़ा था। उसके अस्तित्व का सवाल था

वह। वहाँ उसका विरोध करने वाले को वह यही गाली देगा। इस गाली के साथ ही मैं नरू के अंतरंग में उतरा। उसकी गरमी, उसका जोश, उसका बेमुरव्वत होना, उसकी मस्ती, उसका गुस्सा इन सबमें मैं उतरता गया। एक क्षण तो वह भी आया कि उसके जैसा न दिखने वाले और उसके जैसा व्यवहार न करने वाले मुझे मेरी ही जरूरत महसूस होने लगी।

क्या वह ज्वालामुखी मेरे भीतर लगातार धधक रहा था? क्या मैं भी 'माँ चोद डालूँगा' जैसी गाली देना चाह रहा था? किसे? मराठी नाटकों ने जो संस्कार मुझ पर लादे हैं उन्हें? मेरे भीतर की कमजोरी को? जिस वर्ग के सामने जाते वक्त अपने आप ही दबा दबा सा महसूस होता है उस उच्च मध्यमवर्गीय, सुशिक्षित लोगों के सफेदपोश जीवन को? समाज के तथाकथित सुसंस्कृतपन को? मेरी सीमाओं को हँसी उड़ाने वालों को? नरू का गुस्सा, नरू की बगावत मुझे अपनाने का मन होने लगा। माँ, बाबा और मोहन तो मुझमें थे ही, अब मैं नरू में प्रवेश कर चुका था।

यह बात मेरे गले नहीं उतर रही थी कि वह क्लाइमेक्स का प्रसंग इतनी ऊँचाई पर जाने के बाद दीवार पर लगी दीमक की ओर घरवालों का ध्यान जायेगा। मैं नाटक का अंत नरू पर करना निश्चित कर रहा था। यानी नरू बनिये के बेटे को मारकर आया, माँ से पैसे लेकर भागा इन सारी बातों पर उस घटना का इम्पैक्ट है। सब घबराए हुए हैं। बाबा वहाँ से खिसकना चाहता है। मोहन को सूझ नहीं रहा है कि वह क्या करे। इसी बीच मोहल्ले के लड़के दरवाजे पर आते हैं। बटर बताता है कि बनिये के बेटे की मौत हो चुकी है और नरू को नाके पर पुलिस ने पकड़ लिया। इस वाक्य के बाद मंजू बुक्का फाड़कर रोती है। (उसका यह रोना बनिये के बेटे की मौत की खबर सुनकर ही फूटा है)। सब सन्न हैं। माँ हिम्मत हार जाती है। कहती है, 'हार गई रे मैं...मैं हार गई। हे भगवान, इज्जत की मट्टी कर दी मेरे तूने।' फिर कॉट पर लेटे अण्णा की ओर जाते हुए कहती है, 'उठो, कुछ तो बोलो। अभी नरू को पुलिस पकड़कर ले गई। एक को खल्लास करके आया वो। एक बार उसने जब बिल्ली को लकड़ी से पीटकर उसकी आँख फोड़ डाली थी तो उसको तुमनेच कित्ता पीटा था...छड़ी टूटने तक...वैसाइच फिर एक बार मारो न उसकू...' कुछ क्षण की चुप्पी। उसके बाद अण्णा के रोने की विचित्र आवाज। जैसे झुनझुना बज रहा हो। बगल की चाल में पूजा और भजन चल रहा है। यही परदा गिरता है।

यानी अब 'वालवी' (दीमक) का कोई काम ही नहीं बचा था। अंत अलग हो रहा था और लगने लगा था कि अब 'वालवी' यह शीर्षक बदलना चाहिए।

मैं अपनी फुरसत और मूड के अनुसार दूसरा ड्राफ्ट बनाता गया। अर्थात यह सब कुछ तुरंत नहीं हुआ। साल भर में बीच बीच में यह सब चल रहा था। इस बीच ऐसी

स्थिति नहीं रह गई थी कि 'निनाद' उसका मंचन करेगा। पर उससे मैं हतोत्साहित नहीं हुआ था। प्रयोग नहीं हो रहा है इसलिए मैं स्क्रिप्ट हाथ से अलग करने के लिए तैयार नहीं था। लिखना जारी था। मुझे यह ज्यादा महत्त्वपूर्ण लगने लगा। 'कुंकू' मुझे झूठा लगने लगा। उसे मैं कबका अलग फेंक चुका था। अँधेरी की खोली छोड़कर अब मैं लोअर परेल के अपने घर लौट चुका था। मेरी शादी हो चुकी थी।

इस पुनर्लेखन में दो बातों का मुझ पर विशेष प्रभाव पड़ा। एक भाऊ पाध्ये की किताब 'वासू नाका आणि काही कथा' और दूसरा भालचंद्र नेमाडे द्वारा लिखित निबंध 'साहित्यातील देशीयता' (साहित्य पर देशज प्रभाव)। मैंने यह सब कब पढ़ा और उसका मुझ पर प्रभाव कैसे पड़ा, यह सब मुझे अब विस्तार से याद नहीं है। पर मेरी दिशा इन दो लेखकों के लेखन से निश्चित हो चुकी थी।

दूसरा ड्राफ्ट तैयार हो चुका था।

इसमें मैंने एक बात की। वह यह कि मैंने नाटक के परिवार को सरनेम दिया– 'धुरी'। पहले ड्राफ्ट में इन लोगों का सरनेम क्या होगा ये बात ही दिमाग में नहीं आयी थी। इतना ही नहीं उस समय बाबा–मोहन–नरू के पिता भी मिल में नहीं थे। उन्हें पेंशन मिल रही थी इसका अर्थ ही ये था कि वे मिल में पहले निश्चित ही काम नहीं करते होंगे। वे जहाँ रह रहे थे वह चाल लालबाग–परेल–वरली में कहीं होगी यह तो तय था पर वह कहाँ है यह मुझे ही पता था। उसका कोई संकेत मैंने नाटक में कहीं नहीं दिया था।...तो शुरुआत सरनेम से हुई। 'धुरी' यानी कोंकण से मुंबई में आया हुआ मराठा परिवार।

स्क्रिप्ट 28 पन्नों से 40 पन्नों तक पहुँच चुकी थी। इस बीच मेरी शादी होकर मैं अंधेरी में किराये के घर में रहने लगा था। 'कुंकू' के बहाने महेश टच में था ही। 'कुंकू' मैंने अलग रख दिया था, फिर भी हम मिलते थे। उसने 'वालवी' का सुधारित ड्राफ्ट पढ़ा। उसे नाटक कुछ अलग लगा। वह उत्तेजित होकर कहने लगा, 'मैं इसे राजीव को पढ़कर सुनाता हूँ।

राजीव नाईक, मंगेश का अच्छा मित्र बन चुका था। मंगेश को उसकी दोस्ती के कारण 'आंतरनाट्य' के कैम्प में भी प्रवेश मिलने लगा था। उसने राजीव को नाटक पढ़कर सुनाया। मंगेश ने मुझे बताया कि राजीव को नाटक अच्छा लगा। उसने कहा कि मेरे अब तक के लेखन में ये सबसे अच्छा है। पर उसे ये कुछ अधूरा, अपूर्ण लग रहा था। उसका कहना था कि उसमें खूब पोटेंशियल है। मंगेश को उसकी यह राय महत्त्वपूर्ण लगी होगी। उसने कहा 'हम इसका मंचन करते हैं। फिर भी जल्दबाजी नहीं करें। जरा और विचार कर लिया जाए।' राजीव का कहना था कि अभी इसे नाटक का पूर्ण आकार प्राप्त नहीं हुआ है। यह बात वह बाद में बार–

बार कहता रहा। उसकी बात सुनकर मैं चिड़चिड़ा जाता था। अब और क्या पूरा करूँ? उल्टा अगर यह अधूरा, अपूर्ण, रफ लग रहा होगा तो वैसे ही ठीक है। मुझे इसका साफ-सुथरा नाटक नहीं बनाना है। यही मेरी प्रतिक्रिया हर बार होती। मेरी दृष्टि से नाटक पूर्ण था।

फिर कुछ दिन यूं ही बीत गए। मुझे और कुछ सूझा। अर्थात पड़ोसन का जिक्र, माँ का उसके साथ झगड़ा करना और बटर के बारे में कुछ और विवरण। यानी जब नरू घर में आता है तब बटर नीचे से सीटी बजाता है। तब नरू उसे दूसरे एक मित्र के पास जाकर कुछ 'तोड़-पानी' होने की संभावना जानने के लिए कहता है। तब उस बटर के बारे में घर में चर्चा होती है। यह बटर रंगमंच पर आता नहीं था, पर उसके बारे में अन्य पात्र बोलते थे। यानी उसने स्कूल बीच में क्यों छोड़ दी। वजह यह कि परीक्षा के दिन इसने क्लास में ही उल्टी कर दी थी, क्योंकि उससे पहले वह दारू पीकर आया था। शिक्षक ने जब अपने अभिभावक को बुलाने के लिए कहा तो नरू उसका बड़ा भाई बनकर शिक्षकों से मिलने गया था आदि। यह बताते वक्त नरू को उसके बचपन का एक प्रसंग याद आता है। उसने कक्षा के किसी लड़के को झाड़ू से पीटा था, इसलिए उसके अभिभावक को साथ में लेकर आने के लिए कहा गया था। तब वहाँ अण्णा नहीं जाते हैं, वे बाबा को भेजते हैं। उस घटना से जुड़ा नरू का अपना पक्ष था। उसकी नजर में वह निर्दोष था, लेकिन बाबा प्रधानाध्यापिका जो कहती है, उसे सर झुकाकर चुपचाप सुनता रहता है। उस समय लगा कि नरू के दिल में बाबा के बारे में कुछ पूर्वाग्रह है। उसके बाद वह स्कूल भी नहीं गया है। यह सब मैंने लिखा तब लगा कि अब सब ठीक हो चुका है। मंगेश ने पढ़ा, उसे मजा आया, उसने सिर्फ कहा कि मंजू और चित्रा का सीन 'सावल्या' में इसी तरह था। पर, मैं ऐसा नहीं सोच रहा था। लेकिन एक बात ध्यान में आई कि इस नाटक पर अप्रत्यक्ष तौर पर 'वाडा चिरेबंदी' का इनफ्युएन्स है। अण्णा का कराहना, चीखना यह सब 'वाडा' के 'वेंकटेशा अरे वेंकटेशा' की याद दिलाने वाला था। वहाँ की रंजू और मेरी मंजू का गोत्र एक ही लग रहा था। पर यह सब मैंने जानबूझकर किसी की कॉपी करते हुए नहीं किया था। अब है प्रभाव तो है! हम क्या करें? मैंने ऐसा निश्चय कर लिया। सच तो यह है कि यह प्रभाव ध्यान में आने के बाद मुझे मालूम था कि यह औरों के भी ध्यान में आएगा। और इसी विचार से मैं जरा सा परेशान था। फिर भी मैं यह सोचकर खुद को ही समझा रहा था कि इस प्रभाव के बावजूद मेरा अपना भी तो इसमें कुछ है।

मैं मानता हूँ कि मेरे नाट्यलेखन पर तीन नाटककारों का विशेष प्रभाव है। तेंडुलकर, एलकुंचवार और मोहन राकेश ये वे तीन नाटककार हैं। अलग-अलग

कारणों से यह प्रभाव है। इन तीनों के ही सभी नाटक या एकांकी मैंने नहीं देखे हैं, लेकिन पढ़ा खूब है इन्हें। बार-बार पढ़ा है। वह प्रभाव अनजाने ही चू रहा होगा भीतर ही भीतर।

...तो अब मुझे अपना नाटक पूर्ण लग रहा था। और लग रहा था कि अब उसका मंचन करना चाहिए। मंगेश ने भी कहा कि 'करेंगे'। उसने ऐसा कहा फिर भी कौन करेगा? कौन सी संस्था? 'निनाद' से कुछ भी आशा नहीं की जा सकती थी। इसके अलावा इस संस्था के द्वारा नाटक करने की अब हमारी भी इच्छा नहीं थी। इसलिए हमने तय किया कि हम अलग ही संस्था बनाएँगे। वह संस्था चलती है या नहीं यह बाद में देखा जाएगा। फिलहाल यह नाटक करना है, इतना ही हमें लग रहा था। मैं, मंगेश, प्रकाश जाधव, वसंत आंजर्लेकर, अनिल गवस, गौतम कोली, प्रदीप पाटील, शिवाजी पाटणे आदि 'निनाद' के ही आठ लोग इस नाटक को करने के मकसद से एकत्र आए। हमने तय किया कि हमारे बैनर का नाम होगा 'मन्वंतर'। एक मीटिंग मेरे अंधेरी के घर में ही हुई। हर व्यक्ति अगर दो-दो हजार देता है, तब भी प्रोडक्शन का खर्च निकल कर कुछ तो प्रयोग हो ही सकते थे।

उसके बाद मुझे याद आ रहा है कि मैं कणकवली जाकर पहुँचा था। बैरिस्टर नाथ पै एकांकी प्रतियोगिता के लिए मंगेश कदम निर्णायक के तौर पर गया था। मैंने उसे बताया था कि मैं वहाँ आ रहा हूँ। इसीलिए गया। मंगेश के साथ राजीव और विजय तापस सहनिर्णायक थे। मेरे जाने के बाद मंगेश ने फिर एक बार नाटक दोनों को पढ़कर सुनाया। तापस उसे पहली बार सुन रहा था। लगा कि उसे वह पसंद नहीं आ रहा है। वो पूछ रहा था कि अमुक कैरेक्टर के क्रेडिबिलिटी क्या है, तमुक कैरेक्टर की क्रेडिबिलिटी क्या है। उसने देखे हुए अंडरवर्ल्ड के किसी गैंगस्टर के व्यवहार के बारे में वह बता रहा था। राजीव कह रहा था कि यह अच्छा है, पर काफी नहीं है। इसमें पात्रों के बीच संघर्ष ही नहीं है। इसके बाद उसने एक अलग ही मुद्दा सामने रखा। ये पात्र अमुक सामाजिक स्तर की ही क्यों? क्या यही टाइप्स लेकर पैडर रोड के किसी घर में होने वाला नाटक किया जा सकेगा? और मंजू इतनी आउटलाइन लगती है, अगर ये प्रातिनिधिक है तो क्या लालबाग-परेल की सारी लड़कियाँ ऐसी ही होती हैं? आदि।

मैंने हमेशा की तरह सुन लिया। कुछ नहीं कहा। एक बात यह है कि अगर कोई मेरे लेखन पर हमला बोल रहा हो तब उस समय मुझे कुछ भी नहीं सूझता है। यानी मेरे पास जवाब नहीं होता यह बात नहीं, पर सूझता नहीं है। जब सूझता है तब विवाद की स्थिति खत्म हो चुकी होती है। मैंने सुन लिया। कुल मिलाकर उनकी बातचीत का निचोड़ यह था कि एक समाज की फांक ही मैं दिखा रहा हूँ। जीवन के प्रवाह का बीच

का ही कोई टुकड़ा उठाकर उसे वैसे ही सामने रख रहा हूँ। पर इसके बाद क्या? लोग ऐसी जिंदगी जीते हैं। समझ में आ गया। पर इसके बाद क्या?

इसके इस पार या उस पार क्या होता है मुझे मालूम नहीं था। मुझे बीच के स्थिति में फँसे हुए ये लोग दिखाई देते थे। उनकी पारिवारिक-सामाजिक परिस्थिति दिखाई दे रही थी। वह वर्ष था 1993। एक साल पहले ही हुए साम्प्रदायिक दंगों के संदर्भ मन में ताजा थे। पिछले साल मैं कांदिवली के चारकोप इलाके में किराये के घर में रहता था तभी दंगा भड़क उठा था। पड़ोस की सोसाइटी में रात को जब अपने मित्र से मिलने गया था तब वहाँ के लोग अपने पड़ोसी मुसलमान का घर तोड़ रहे थे। वह पहले ही पत्नी और बच्चों के साथ वहाँ से भाग चुका था। सभी आवेश के साथ टूट पड़े थे। उस रात दरवाजों पर किये गए प्रहारों की आवाज, फिर भी दरवाजा टूटने के बाद किया गया जल्लोष, सभी भीतर जाकर पाँच मिनट में ही सारे घर-बार को नोंच चुके थे और उन्होंने सामने होली के लिए उस घर के सामान को एक के ऊपर एक रच डाला था। यह सब मैं धड़कते हुए सीने के साथ देख रहा था। आखिर में किसी ने घर के छोटे बच्चे की तीन चक्कों की साइकिल लाकर सबसे ऊपर कलश की तरह रख दी। तब मैं खत्म हो चुका था। कुछ कर नहीं पा रहा था, उन्हें रोकने की शक्ति मुझमें नहीं थी, वहाँ से भाग जाने का मन कर रहा था पर, पाँव जैसे पत्थर बन चुके थे। उसके बाद तीन-चार रातों तक सोसाइटी के लोग यह कहकर रात को पहरे के लिए बुलाने लगे थे कि रात को पाकिस्तान से ट्रक भर-भरकर आ रहे हैं और हमें उनका सामना करने के लिए तैयार रहना चाहिए। मैं नहीं जाता था, तब वे मुझपर ही शक करने लगे। मैं पत्नी के साथ वहाँ से निकल कर लोअर परेल वाले घर पर आ गया। तब वहाँ भी नाके पर मस्जिद पर हमले करना आदि जारी था। उसी नाके पर एक अंडे वाला अंडे बेचा करता था, उसका छोटा सा स्टॉल था। अंडे वाला अकेला ही था, इस कारण वह रात को स्टॉल में ही भीतर से सांकल लगाकर सोया करता था। एक रात जब वो अंदर सोया हुआ था, तभी लड़कों ने बाहर से उसके स्टॉल को आग लगा दी। धूएँ में उसका दम घुटने लगा। तब वह सांकल खोलकर बाहर भाग निकला। भयंकर सफोकेशन हो रहा था। यह सब देखकर अपने आपको एक तरह से खाली करने के लिए मैंने 'जलिताचा हंगाम' नामक एकांकी लिखा। उसे देवेंद्र प्रेम ने स्पर्धा में पेश भी किया। पर, फिर भी कुछ ऐसा था जो शेष बचा हुआ था। मेरे अब तक नाम न दिए गए नाटक में नरू के माध्यम से उसका बाहर आना अपरिहार्य था। नरू और उसके दोस्तों द्वारा दंगे के दौरान उस्मान अंडे वाले का खोखा जला देने की बात माँ बताती है। दंगा खत्म होने के बाद उस्मान गली में वापस आता है, अब उसके साथ डोंगरी इलाके के लडके हैं।

डोंगरी-उमरखाड़ी यह दक्षिण मुम्बई का दाऊद का इलाका माना जाता है, मुस्लिम मोहल्ला। उद्देश्य यही था कि उनके नाम, संकेत से उस्मान के साथ आने वाले लड़के कौन थे, इसे पाठक-दर्शक समझ जाए। पर यहाँ सिर्फ लोअर परेल का अंडे वाला और उस्मान बैदेवाला इनका सीधा संबंध नहीं था। यानी जो मैंने जो देखा वही लिखा यह बात नहीं थी। उस्मान अपने साथ आए लड़कों को अपना जला हुआ खोखा दिखाता है। यह बात पता चलते ही नरू राडा करने के लिए दौड़ कर वहाँ जाता है। अब इसमें साम्प्रदायिक तनाव है, पर सिर्फ वही नहीं है, इन हिन्दू लड़कों ने मुस्लिम व्यावसायिक लोगों को भगा दिया, उनकी जगहों पर कब्जा कर वहाँ अपने स्टॉल लगाए। नरू की भी उस्मान के स्टॉल पर नजर है। पर वह आलसी मराठा है। वह माँ से कहता है हम धंधा करेंगे, मुर्गियों-अंडों का। इस पर माँ तुरंत पूछती है, 'तुम्हारे खानदान (महिलाएँ बूढ़ी हो जाती हैं, पर बच्च्वों से बात करते वक्त 'तुम्हारा खानदान, तुम्हारा घर' इसी तरह बात करती हैं, उन्हें 'अपना खानदान', 'अपना घर' जैसी बात महसूस नहीं होती) में कभी किसी ने मुर्गियों-अंडे का धंधा किया था?' नरू कहता है, 'तुम्हारी माँ का, तुम भिखारचोट! अपुन थोड़ीच धंधा करने वाले हैं? लड़के रखेंगे। अपुन शाम को सिरप गल्ला गिनेंगे'। यह खास मराठी शान और उसमें भी मराठों की अकड़ है। उस्मान और उनके बीच जो दुश्मनी है वह सिर्फ धार्मिक नहीं है बल्कि वह स्थायी सम्पत्ति के अधिकार से भी उपजी है। अर्थात नरू शिवसैनिक है। शिवसेना ने परधर्मियों को, परप्रांतीयों को हटाने की जो लम्बे समय से मुहिम हाथ में ले रखी है और भूमिपुत्रों का जो एक एरोगेंस उनमें होता है, वह नरू में था।

बीच में कभी मैंने एक भाग अलग से लिखा, उसमें नरू शिवसैनिक होने के संकेद दिए गए थे। दूसरे भाग में नरू आकर चला जाता है, उसके बाद के दिन शिवजयंती उत्सव होता है, उस दिन गली में राड़ा होता है। यह संपूर्ण सीन घर की माँ, मोहन, मंजू, पड़ोस की सावर्डेकर मामी गैलरी से झांकते हुए नीचे जारी मारपीट, भागदौड़ देखते हैं। उसका वर्णन करते हैं और प्रतिक्रियाएँ भी देते हैं। इन घटनाओं में शटर के बंद होने की आवाजें, धबधब चलने की आवाज, दुकान के पटिये पर पत्थर पटकने के बाद उठने वाली 'धुप्प' की ध्वनि, सोडा-वॉटर की बोतलों का फूटना, मारामारी करने वाले लड़कों के पीछे भागने वाली उनकी माँओं की चीखें, मारपीट के बाद शेष लड़कों के आवेशपूर्ण, वीरश्रीयुक्त उद्‌गार, उत्तेजित होना, चीखना, जोर-जोर से रोना आदि सब मन में इकट्ठा आवाजों का शोर मैंने उस प्रसंग में लिख दिए थे। यह हल्ला-गुल्ला चल रहा है और दूसरी ओर शिवजयंती उत्सव के अवसर पर लाउडस्पीकर पर बजने वाला गीत 'वेडात मराठे वीर दौडले

सात' (युद्ध में सात मराठा वीर जोश में दौड़ पड़े) बज रहा है यह रंग सूचना मैंने लिख दी थी। मेरे खयाल से यह जो घमासान हुआ है वह शिवसेना का ही है, यह बताने के लिए इतना काफी था।

यह सीन मुझे बहुत अच्छा लगता था। रंगमंच पर कुछ भी घटित न होते हुए बहुत कुछ हो रहा है यह फील पात्रों के एक्सप्रेशन्स से आने लगता है। इसमें भी मोहन का रोल विशेष था। मोहन हमेशा घर में बैठा रहने वाला प्राणी है। इस प्रसंग में गैलरी में सभी खड़े हैं। यह देखकर आता है, सावर्डेकर मामी की पीठ पर से नीचे झुककर देखता है और नीचे भागने वाले, मारने वाले लड़कों के बारे में जानकारी देता जाता है। वह बताता कि अमुक से पहचान है, तमुक से 'शॉलेट' है, तीसरे का रेकार्ड कैसा है। यह सब बताते हुए वह उत्तेजित होता और उसकी कोशिश यह होती कि इन सब देखने वालों में इनके बारे में उसे ही सबसे ज्यादा जानकारी है। इस समय माँ नीचे दिखाई दिए नरू के पीछे मोहन को दौड़कर जाकर उसे रोकने के लिए कहती है, पर वह नहीं जाता है। टालने वाले जवाब देता रहता है।

इस घर के सारे लोगों में मुझे सर्वाधिक प्रिय मोहन ही था। अब भी है। उसकी स्थिति यह है कि उसमें खेलने का जिगर है, उतना ही शौक भी है, लेकिन बॉल के लिए कन्ट्रिब्युशन देने के लिए पैसे नहीं है। वह इस परिस्थिति का वर्णन जब इस तरह करता है कि 'उन्हें बॉल के लिए दस रुपये भी दो और ऊपर से उनके लिए स्कोर भी बनाओ। किसने कहा यह सब करने को?' तब मुझे हँसी नहीं आती। मुझे लगता है कि उस समय कोई भी न हँसे। बाबा साहित्य में मशगुल है, नरू के पास उसका राड़ा है, मंजू के लिए बनिये का बेटा है, पर ऐसा कुछ भी मोहन के पास नहीं है। उसे मैच खेलने का अवसर भी नहीं मिलता। सावर्डेकर मामी नहीं मिलती। उसे कुछ भी नहीं मिलता। वह एक जगह जकड़ा हुआ है। यही उसकी नियति है। वैसे मुक्ति किसी को भी नहीं है इस घर में। पर मुक्ति न मिलने की अंतिम पायदान पर मोहन है।

मोहन सावर्डेकर मामी को एक नाजुक क्षण में पकड़ता है। उस क्षण वह अत्यधिक अकेला है। वह मामी को पकड़ता है, उसकी कमर से लिपटता है और 'मैं तेरा पेट खा जाऊँगा' कहता है। उस समय मुझे लगता था कि वह उसके पेट पर अपना सर रगड़ेगा। लेकिन प्रत्यक्ष प्रयोग जब किया गया तब वैसा नहीं हुआ। यह सीन वास्तव में आख़िरी ड्राफ्ट में मैंने लिखा था। तीसरे ड्राफ्ट में मामी आ चुकी थी पर यह दृश्य नहीं था। वह दृश्य जब आया तब मैंने उसे गैलरी की ही जगह दी। पर मेरे नाटक की संहिता में गैलरी रंगमंच के सामने वाले हिस्से में है। वह किसी ब्लॉक की होती है, वैसे बाल्कनी के रूप में नहीं है। छोटा सा छज्जा है जहाँ एक-

दो लोग बैठ सकेंगे, बस इतना सा। लेकिन प्रयोग में गैलरी पीछे कर दी गई। उसका आकार बड़ा हो गया। हमारे यहाँ शारीरिक संबंधों के सीन में ज्यादा इंटिमैसी नहीं दिखाई जाती। इसका कारण उसकी तीव्रता महसूस नहीं होती। प्रयोग के दौरान यह दृश्य पीछे होता है और थोड़ा विचित्र ढंग से भी, इसलिए इसमें मोहन की सिर्फ वासना दिखाई दी। उस समय उसकी जरूरत थी कि कोई उसे दुलार कर अपने से लिपटा ले। वासना उसमें बाद में आयी थी। पर पहले जरूरत प्रयोग के दौरान उभरी ही नहीं। इस कारण मोहन के उस व्यवहार में कहीं करुणा नजर नहीं आयी। मोहन की वह संपूर्ण हलचल करुण है। तीसरे ड्राफ्ट में मोहन के लिए मैंने एक और बात की। बाबा–सतीश की चर्चा में ऐसा जिक्र होता है कि बाबा ने सतीश से 'डेबोनेर' का अंक 'सूटेबल बॉय' लिखने वाले विक्रम सेठ का इंटरव्यू पढ़ने के लिए लिया है। सतीश अब वह अंक बाबा से माँग रहा है, तब वह उसे नहीं मिलता है। सतीश के जाने पर बाबा मोहन से उस अंक के बारे में पूछता है। बाबा को विश्वास है कि वह अंक मोहन ने कहीं छुपा के रखा है। मोहन आखिर तक 'नहीं' ही कहता है। पर आखिरी दृश्य में किसी क्षण मोहन की मुँह से 'डेबोनेर' में छपे न्यूड फोटो का जिक्र आता है। उसका सेक्स्युअल सप्रेशन इससे व्यक्त होता है।

नरू के व्यक्तित्व से एक बड़ी साहित्यिक वास्तविकता नाटक में आ चुकी थी। माँ के साथ सावर्डेकर मामी, मंजू के साथ चित्रा और मोहन के साथ सावर्डेकर मामी का बेटा राकेश (यह मंच पर कभी नहीं आता है) जैसी काउंटर इमेजेज खड़ी करने के कारण कैनवास बड़ा हो रहा था। लेकिन अब मुझे बाबा इसमें छोटा लगने लगा। उसकी दुनिया इसमें किस तरह लायी जा सकती है, इस बारे में मैं सोचने लगा। तब मुझे अपनी साहित्यिक यात्रा के 82 से 85 तक के दिन याद आने लगे। आज का बाबा ठीक वैसा ही था जैसे उन दिनों मैं था, लेकिन वह जनरल स्टेटमेंट्स कर रहा था। हम जब चर्चा करते तब अर्थात ही वह स्पेसिफिक विश्व खड़ा करती थी तब भला बाबा क्यों जनरल बात करें? इसी में से कविता पर की गई चर्चा और कमेंट्स आये। वह पु. शि. रेग, आरती प्रभु, ग्रेस, दिलीप चित्रे सब पर कमेंट्स करता है (अनुवाद में इन मराठी कवियों के समकक्ष हिंदी के कुछ वरिष्ठ कवियों के नाम प्रतीकात्मक स्वरूप में जोड़ने की कोशिश की गई है)। वह एक अवस्था होती है। मैं चूंकि अब उस अवस्था से बाहर आ चुका हूँ, इसलिए बाबा को उस अवस्था में देख सका। उसे प्रस्तुत कर सका। कुछ लोग उसी अवस्था में अटक जाते हैं। बाबा 35 के आसपास का है। उसके मुख से फटाफट बाहर आने वाले साहित्यकारों के नाम, आज के, वर्तमान जगत के संदर्भ सिर्फ तुच्छतावाद के अंतर्गत नहीं आते, बल्कि अब तक कुछ भी न बन पाये खुद को साबित करने की वह एक जी जान से

की गई कोशिश है। मेरी और बाबा की सेंसिबिलिटी एक ही है, बल्कि वह एक ही होना चाहिए। अन्यथा उसके भीतर से उभरने वाली चिनगारी झूठी लगती। मुझे भी बापट-पाडगांवकर पसंद नहीं है। सच कहें तो कॉलेज के आरंभिक दिनों में पाडगांवकर के 'सलाम' कविता संग्रह की कविताओं का मुझ पर प्रभाव था। उन दिनों लिखी गई मेरी कविताएँ पाडगांवकर से प्रभावित हैं। लेकिन मैं अगले कुछ ही वर्षों में उससे बाहर निकल आया। मजेदार बात यह है कि नाटक का तीसरा ड्राफ्ट जब बना तब उसमें सतीश- बाबा के विवाद के बीच पाडगांवकर का कविता संग्रह झोली से बाहर निकालकर दिखाता है, ऐसा दृश्य था। उस पर बाबा क्रोधित होता है और कहता है कि, 'मैं क्या सुन रहा हूँ सतीश नारिंग्रेकर, पाडगांवकर के बाल गीत तुम्हारे झोले में? तू इतना बुर्जुवा हो गया है?' राजीव नाईक ने मुझसे कहा था कि अगर तू यहाँ पाडगांवकर की जगह वसंत बापट का नाम लेगा तो बेहतर होगा। उसका यह सुझाव मुझे अच्छा लगा क्योंकि पाडगांवकर बापट से दो पायदान ऊपर थे। इसमें कोई दो मत नहीं है कि उनकी 'जिप्सी', 'छोरी' संग्रह की कविताएँ ऊपर के स्तर की हैं। इसके विपरीत बापट मुझे अधिक कलात्मकता लाने वाले, दिखाऊ, अपने प्रभाव डालने के लिए कोशिश करते हुए और थोड़े से झूठे लगते थे। ड्राफ्ट में पाडगांवकर के स्थान पर बापट आ गए लेकिन फिर भी सतीश का कुल मिलाकर मूल्य आँकते वक्त बाबा यही कहता है कि बापट-पाडगांवकर जिन्हें पसंद है ऐसे लोगों में मेरे आर्टिकल को पोस्टमार्टम करने की कूवत ही नहीं हो सकती।

लेकिन बाबा के सारे विचारों से मैं सहमत हूँ ही, यह बात भी नहीं है। वह जिस बेलागपन से 'दि. पु. चित्रे को पु. शिं. रेगे का एक्सटेंशन' कहता है उससे मैं सहमत नहीं हूँ। उसकी यह बात कि 'मनुष्य अकेला ही होता है स्वतंत्र' मुझे एक सीमा तक ही पटती है। उससे ज्यादा मुझे सतीश की यह बात पटती है कि जन्म से निर्माण होने वाले रिश्ते और उनकी अपेक्षाओं के बंधन से मनुष्य बँधा हुआ होता है। जिस तरह बाबा अपने घर के लोगों के साथ व्यवहार करता है वैसे मैंने कभी नहीं किया। कई बार वह मुझे कृतघ्न लगता है। पर यह भी सच है कि उसकी सेंसिबिलिटी कोई सुनने के लिए तैयार नहीं है। बाबा का व्यक्तित्व थोड़ा सा लाउड जरूर है, लेकिन झूठा नहीं है। उसका लाउडपन भी सच्चा है। बाबा की ट्रेजेडी मैं पूरी तरह समझ नहीं पाया था। शायद उतनी अलिप्तता मुझमें उसके बारे में पैदा नहीं हुई होगी। लेकिन संजय पवार ने उसकी वेदना या उसकी हार की चुभन निश्चित तौर पर उभारी है। मुझे यह पहली बार ही महसूस हुआ।

'अधांतर' के एक परिसंवाद में उसने अपने विचार व्यक्त करते हुए कहा था कि, 'मजदूर या समाज के निचले वर्ग के संवेदनशील लड़कों की ट्रेजेडी होती ही

है। वे अगर खुद को साबित नहीं कर सके तो वे अकेले पड़ जाते हैं, क्योंकि घरवालों ने उन्हें कभी समझा नहीं होता है। इस कारण उनका अपयश भी उनके समझ में नहीं आता। उनके लिए किसी का भी सहारा नहीं बचता। वे अकेले पड़ जाते हैं। सिनिक हो जाते हैं। इसके विपरीत अगर यही बाबा ब्राह्मण या उच्च वर्ग से संबंधित होता तो उसका फँसना, उसकी हार समझ लेते लोग। उसकी हार के बावजूद समाज उसका अलगपन मान्य करता और उसे व्यवस्था में समाहित किया जाता। लेकिन 'अधांतर' के बाबा को यह सुविधा प्राप्त नहीं है। बाबा की व्यक्तिरेखा को जब एक आकार प्राप्त होने लगा तब मैं कुछ और उत्साहित हुआ। वास्तव में इस बीच नाटक के मंचन के बारे में हम जरा भी आगे नहीं बढ़े थे। 'मन्वंतर' संस्था स्थापित करने के बावजूद कोई उत्साहित नहीं था। मैं निराश हो जाता, लेकिन इसके बावजूद कई बार खुद ही अपना ही लिखा फिर से खोलकर देखता और कुछ नया सूझने पर फिर से लिखना शुरू कर देता। ढेर सारी छोटी छोटी बातें सूझती। उन्हें मैं उसमें डालता जाता। नाटक का आकार अब बढ़ रहा था। यानी करीब दो घंटे तक मंचन होने की सामग्री जुट चुकी थी। लेकिन स्ट्रक्चर वही था। तीन भागों में विभाजित। लेकिन अब उसका स्वरूप एक ही दिन में घटित होने वाली घटनाओं के रूप में नहीं था। पहले और दूसरे भाग में करीब एक सप्ताह का अंतर था। तीसरा भाग करीब दो-तीन दिन बाद होता। आरंभ अण्णा के चीखने और अंत कराहने से होता। अंक कहाँ खत्म करें, यह सवाल तो था ही।

एक दिन मंगेश ने कहा कि अण्णा की हालत अब बहुत खराब हो चुकी है। पर एक सीन इसमें ऐसा होना चाहिए जिसमें पहले वाले अण्णा दिखाई देंगे। ये लड़के तब छोटे छोटे होंगे। इससे होगा ये कि बाद वाले अण्णा का चीखना और उनकी अब की अवस्था दर्शकों पर एकदम हावी हो जायेगी। भयानक लगेगा यह सब उन्हें। थोड़ा विचार करने पर मुझे लगा कि यह संभव है। अब जो स्क्रिप्ट हमारे सामने थी उसमें मैंने अण्णा की पेंशन आदि बातें निकाल दी थीं। वे मिल में थे। खाने वालों के डब्बे बनाने का संदर्भ था ही। मुझे एक दृश्य में हताश होकर बैठी माँ दिखाई दी। वह यादों में खोयी हुई है और सचमुच बीते हुए अतीत के शर्ट-पैंट पहने अण्णा वहाँ आकर बैठते हैं। बोनस मिल चुका है। कपड़े भी खरीदे जा चुके हैं। उन्होंने मिठाई लायी है। दोनों बातें करते हुए बैठते हैं और नॉस्टेल्जिया में डूबते हैं। तब दरवाजे में से एक छोटी बच्ची प्रवेश करती है। ये है छोटी मंजू। अण्णा उसे मिठाई देते हैं। उसके फ्रॉक के लिए कपड़ा लाया है उन्होंने। दोनों एक दूसरे का हाथ पकड़ कर गोल-गोल घूमते हैं। मंजू अपने किताब की कोई कविता कहने लगती है। गोल-गोल घूमते हुए निकल जाते हैं। अण्णा गोल-गोल घूमते हुए

पार्टिशन के पीछे जाकर कॉट पर गिरते हैं। माँ अब भी यादों में खोयी हुई है। अण्णा के चीखने से वह वर्तमान में लौटती है।

मैंने यह सीन लिखा। अब मैं इन पात्रों के जीवन की हर चीज देख सकता था। मैं उनसे खेल सकता था। अच्छे दिनों के अण्णा के सीन मैंने लिखे जरूर लेकिन वह नाटक के फॉर्म से मेल नहीं खा रहा था। ऐसा लग रहा था जैसे ठिगली जोड़ दी गई है। फिर भी मैंने उसे वैसा ही रखा। इन्हीं दिनों किसी क्षण नाटक के लिए मुझे नाम सूझा 'अजगर'। मंगेश को भी वह अच्छा लगा।

लेकिन यह कालावधि असह्य प्रतीक्षा से जुड़ा कालखंड था। 1995 वर्ष शुरू हो चुका था। पर नाटक साकार होने का नाम ही नहीं ले रहा था। मंगेश टीवी प्ले करने में बिजी था। मैं समझ सकता था कि पूरी तरह नाटकों पर ही अवलंबित रहने वाले मंगेश के लिए छबिलदास हॉल में किये जाने वाले इस नाटक को दूसरी प्राथमिकता देना सहज था। पर बाद में मुझे शक होने लगा कि वह सब जानबूझ कर करते हुए आगे धकेल रहा है, प्रयोगात्मक रंगमंच पर किये जाने वाले नाटक में उसे कोई रस नहीं है। स्थिति यह थी कि नाटक अब गले तक आ चुका था और उसके पात्र हाथ-पाँव झाड़ने लगे थे। वे बाहर आना चाहते थे और इस कल्पना से ही मेरी नींद उड़ चुकी थी कि अब ये कभी भी बाहर नहीं आ पायेंगे। अब मैं संयम खोता जा रहा था। एक बार तो इसी बात पर मैं मंगेश से लड़ बैठा। उस दिन तो हम दोनों में दुराव की स्थिति आ गई। 'अजगर' के मंचन की संभावना खत्म होने लगी थी।

इन दो-तीन सालों के दौरान मैंने एक और नाटक का कच्चा ड्राफ्ट लिख लिया था। पिछले वर्ष वह नाटक 'माझं घर' (मेरा घर) नाम से व्यावसायिक रंगमंच पर खेला भी गया। 'अशांतिपर्व' शीर्षक से दीर्घ अंक के आकार का एक संवाद भी मैंने लिख लिया था। फिर भी मेरी आशाएँ 'अजगर' पर केंद्रित थीं और वे कभी भी पूर्ण नहीं होने जैसी परिस्थिति का निर्माण हो चुका था। मुझे सूझ नहीं रहा था कि मैं क्या करूँ।

एक दिन वामन केंद्रे बोरिवली स्टेशन पर मिला। मैंने कहा, 'एक नाटक लिखा है। तुझे पढ़कर सुनाऊँगा। वैसे फिलहाल उसके मंचन के कोई लक्षण दिखाई नहीं दे रहे हैं। पर उसे सुनकर तू अपनी प्रतिक्रिया मुझे बता।' नाटक के पाठ का दिन और समय तय हुआ।

मोहन तोंडवलकर के शिवाजी मन्दिर के ऑफिस के सामने के गोडाउन जैसी तंग खोली में मैं वामन के सामने नाटक पढ़ने के लिए बैठा। करीब डेढ़ घंटे तक मैं नाटक पढ़ रहा था। पढ़ने के बाद मैंने वामन की ओर देखा। मुझे नहीं लगा कि वह बहुत इम्प्रेस हुआ है। फिर उसने कहना शुरू किया। उसका पहला वाक्य आज भी याद

है, 'लैंग्वेज एकदम परफेक्ट है। इसका एक भी शब्द इधर से उधर नहीं किया जा सकता।' इसके बाद वो कंटेंट की ओर मुड़ा। कहने लगा इसमें कुछ क्लीशेड बातें लानी चाहिए। इसमें कुछ इन्फ्लुएंसिस महसूस होते हैं। उसके बाद उसने स्क्रिप्ट का विच्छेदन किया। कुछ कमियाँ, दोष दिखाये। कहने लगा कि जो चीजें पहले ही आ चुकी हैं उन्हें दुबारा क्यों ला रहा है। मेरा बचा-खुचा उत्साह भी खत्म होने लगा था। लगने लगा कि अब इस नाटक को बंद कर दिया जाये, यही बेहतर होगा।

उसके बाद हमने कुछ इधर-उधर की बातें कीं और एक बंगला नाटक के बारे में उसने मुझे बताया। मुझे लगा कि मैं ये कर सकूँगा। मुझे वह मेरे ढंग से नजर आने लगीं। इसके बाद उसने दादर-नायगाँव के जिस चाल में वह रहता था वहाँ के एक पड़ोसी का किस्सा सुनाया। वह किस्सा मुझे खूब परिचित सा लगा। मेरे ध्यान में एक बात आयी कि ऐसे दुख-दर्द भरे अनेक घर और अनेक लोग मुझे पता हैं। इसके बाद मुझे इसके समांतर अनेक बातें सूझने लगीं और लगने लगा कि इन सब पर मैं लिख सकता हूँ। वहाँ से जब हम उठे तब मैं निराश नहीं था। मुझे कुछ अलग सूझने लगा। लेकिन 'अजगर' मेरी नजरों के सामने नहीं आ रहा था। यह कहकर ही मैं वहाँ से बाहर निकला कि अब अलग कुछ लिखना चाहिए।

उसके बाद कुछ महीने ऐसे ही बीत गए। ये लगने लगा था कि 'अजगर' जैसा है वैसा नहीं किया जाना चाहिए। मुझे यह जरूरत महसूस होने लगी कि अब इस नाटक को पूरी तरह भूलकर फिर से नया कुछ रचा जाना चाहिए। मेरा कमोबेश 35 साल का जीवन बार-बार मेरी नजरों के सामने आ रहा था। मैं अजगर को भूल रहा था, इसका मतलब यह नहीं कि मैं उसमें जो लोग हैं और उनके जिए हुए क्षणों को भूल रहा था, बल्कि मैं नाटक की रचना भूलता जा रहा था। धीरे-धीरे रंगमंचीय ढाँचा टूटकर गिर पड़ा और इसके बावजूद उसमें जो लोग थे वो मेरे सामने अपनी जिंदगी जीते हुए दिखाई देने लगे। ये लोग कहाँ के हैं? कहाँ से आये हैं? कहाँ रहते हैं? क्या खाते हैं? क्या बोलते हैं? इनके पड़ोसी कौन हैं? इनका पूर्व जीवन कैसा था? ये सारे प्रश्न एकदम नए होकर मेरे सामने आने लगे। जो प्रवाह रुक गया था, जम चुका था, उसका डबरा बन चुका था। वामन ने इतना ही किया था कि उस प्रवाह को रोकने वाला पत्थर उसने हटा दिया था। लेकिन मेरे लिए यह लाख रुपये का काम वह कर चुका था। पानी फिर बहने लगा था।

मुझे सबसे पहले दिखाई दिया मेरा परिसर। परेल, लालबाग, लोअर परेल, डिलाइल रोड, वरली...मिलों के भोंपू पर अपनी घड़ियों का समय मिलाने वाले लोग, पहली पारी के लिए रास्ते से तेजी से जाने वालों की भीड़, उडुपी होटल में सुबह पौने सात बजे मीठा हलुआ खाते बैठे मिल के बाबू, दोपहर को रेडियो पर

प्रसारित होने वाली 'कामगार सभा', फेरीवालों की आवाजें, रास्ते के इर्द-गिर्द बैठे मोची और केले बेचने वाली औरतें, चाल का शोरशराबा, घुटन भरा अँधेरा, दोपहर अपने-अपने घर के दरवाजे पर बैठकर गप्पें हाँकने वाली औरतें, चाल की सीढ़ियों पर होने वाले लफड़े, सड़कों पर होने वाले झगड़े, शाम के वक्त चाल से उभरने वाली विशिष्ट महक, देशी दारू की दुकानें, यहाँ-वहाँ आयोजित की जाने वाली कबड्डी की मैचेज, रात को होने वाली भजनों की जुगलबंदियाँ, पूजा के वक्त होने वाले भारूड़, गणपति उत्सव, दशावतारी नाटक और लेजिम, डफ की आवाज, रातपाली से छूटे मजदूरों की तेजी से चलने से गूँजने वाली सटाक फटाक की आवाजें, जिन्हें मैं बिस्तर के इर्द गिर्द फैले घने अँधेरे में सुनता रहता...

कभी-कभी वातावरण पर जैसे एक तिलिस्म सा छा जाता है, वैसे भीतर ही भीतर मैं तिलिस्म से जकड़ा जाता। चित्र साफ-साफ नजर नहीं आ रहा था। कुछ आकार, कुछ आवाजें, आधे-अधूरे लोग, कुछ परिसर ऐसा ही कुछ दिखता। मैंने फिर दोबारा 'अजगर' नहीं पढ़ा था। लेकिन एक दिन अचानक कुछ स्पष्ट तौर पर कौंध गया। मैंने मंगेश को फोन करके बताया कि मैं उसके घर आ रहा हूँ। यह भी कहा कि वह अनिल गवस को भी बुला लें।

मैं जब अंधेरी के मंगेश के घर गया तब वहाँ मंगेश तो था ही, गवस भी आ चुका था। मैंने बात की शुरुआत की यह कहते हुए कि मैं दोबारा नाटक लिखना शुरू कर रहा हूँ। तब तक सब कुछ धुँधला सा था। मैं उन्हें बताने लगा कि मैं क्या महसूस कर रहा हूँ। मैंने कहा कि मान लो अण्णा मर चुके हैं, उनकी मौत हुए कुछ वर्ष बीत चुके हैं। अब उनकी जीवित उपस्थिति की मुझे जरूरत महसूस नहीं होती। बाकी सब वही है। माँ, बाबा, मोहन, नरू, मंजू आदि। पर मुझे लग रहा है कि मंजू जैसी है अब उसे वैसा नहीं होना चाहिए। अगर उसकी शादी कर दी जाये तो? यानी देखो, कि बनिया के बेटे से उसे गर्भ ठहर चुका है। घर वाले उसे कहीं ले जाकर गर्भपात करने के लिए कहेंगे क्योंकि वह लड़का शादी-शुदा और बाल-बच्चे वाला है। पर ये सदमा अण्णा बर्दाश्त नहीं कर पायेंगे। पैरालिसिस से जर्जर हो चुका यह आदमी इस सदमे से मर जाएगा। मंजू की शादी जल्दी-जल्दी में किसी दुवाह वर के साथ कर दी जायेगी, वह मिल में बाबू है...

बात करते-करते मैं अचानक ऐसे मोड़ पर आ गया जिसकी जानकारी मुझे भी नहीं थी। यहाँ मुझे पहली बार दिखाई दिया अरविंद राणे। मिल के इंटरनल यूनियन का वह लीडर है। पर बहुत बड़ा नहीं। सेकंड रैंक का। वह वर्कर है लेकिन निरंतर यूनियन के लफड़ों में फँसा रहता है। मंजू से उसकी शादी होने के छः महीने बाद ही मिल बंद पड चुकी है। इस कारण मंजू मायके आ चुकी है और उसके साथ राणे भी।

मैं घोड़पदेव के न्यू हिंद टेक्सटाइल मिल में काम करता था। वहाँ नीलकंठ भोसले नामक मेरा दोस्त क्लर्क था। लेकिन 1983 में वह और उसके सहयोगी दत्ता सामंत की ओर से हड़ताल में उतरे। पर हड़ताल खत्म नहीं हुई। पर हड़ताल टूट जाने पर मैनेजमेंट ने उन्हें तंग करना शुरू किया। पुलिस रात-बेरात कभी भी आती। उन्हें उठाती, पीटती। इसमें उसके रीढ़ की हड्डी खिसक गई थी। एक बार रास्ते में मिलने पर उसने यह सब बताया। मेरे एक चचेरे जीजाजी एक बार पीकर एकदम लाल होकर घर आये थे। और बताने लगे थे कि पत्नी उनके लिए कितनी प्यारी है। बोलते वक्त जैसे वह सामने ही मौजूद हो इस तरह हवा में चुंबन भी लेने लगते। बीच-बीच में डींगे हाँकते हुए कहते कि मैं उसे बहुत खुश रखूँगा। काफी कुछ कट-पीटकर उन्हें दस से बाईस रुपये के बीच वेतन मिलता और वे पत्नी को बहुत तकलीफ देते। मिल के हमारे स्पिनिंग विभाग के कुछ स्वप्नदर्शी लीडर मुझे दिखाई दिए। इन सबके बीच से अरविंद राणे आकार ले रहा था।

मंगेश कह रहा था कि हमें वह संपूर्ण काल ही नाटक में साकार करते आना चाहिए। मुझे हड़ताल का जमाना याद आया। मिलों की 1983 की हड़ताल। ऐन हड़ताल के दिनों में मैं मिल में था। वातावरण दिन-ब-दिन कैसा धधकता गया, डॉ. सामंत ने किस तरह कामगारों को हड़ताल करने के लिए विवश किया, नर्दुल्ला टैंक पर हुई वह ऐतिहासिक सभा, हड़ताल की शुरुआत, भीतर ही भीतर धधक उठे कामगार यह सब मेरी नजर के सामने घूमने लगा। मैं उसका बेहद करीबी गवाह था। मैं टेक्निकल असिस्टेंट होने के कारण हम हड़ताल नहीं कर सकते थे। काम पर जाना मेरे लिए अनिवार्य था। हमें और वरिष्ठ अधिकारियों को पुलिस की सुरक्षा के बीच एल्फिन्स्टन के जूपिटर मिल के भीतर लाया गया। भीतर आ चुके लोगों के लिए रोज ही दीवाली थी। जलेबी, लड्डू और तमाम मिठाइयों की रोज जेवनार सजती। बाहर खाली पेट, भूखे कामगार। भयंकर अपराध बोध के साथ मैंने वे दिन बिताए। फिर हड़ताल लंबी खिंचती गई, कामगारों की हालत बदतर होती गई। मालिकों की अनाप-शनाप शर्तें मंजूर करते, हुए एड़ियाँ घिसते हुए कामगार काम पर आये। वे कामगार जिनके गालों में गड्ढे पड़ चुके थे, आँखें गहरी धँस चुकी थीं, और चेहरे पर तेज नाम की चीज ही नहीं थी...

ये सब कुछ दिखाई देने लगा। पर वह समय नाटक में लाना उचित नहीं होता इसलिए मैंने 1995 का कालखंड चुना। अनेक लोगों को लगता है कि यह हड़ताल पर लिखा हुआ नाटक है। पर वैसी बात नहीं है। टूटन तब से आरंभ हुई। नाटक का कालखंड उस टूटन के अंतिम पर्व का समय है। राणे की बंद पड़ चुकी मिल वर्ष 1995 की घटना है। मिलें हड़ताल टूटने के बाद फिर से शुरू हुईं, मिलें फिर बीमार

हुईं, फिर शुरू हुईं, फिर पार्टली बंद पड़ीं। मिलें जर्जर होकर मृत्यु पंथ पर बढ़ रही थीं।

अब चित्र साफ था। मुझे परेल की लक्ष्मी कॉटेज दिखाई देने लगी। मैंने तय किया कि सारा भौगोलिक परिसर ज्यों का त्यों उतारा जाए। भालचंद्र नेमाडे के देशजवाद का सिद्धांत का भी वह असर होगा। वे कहते थे कि साहित्य भौगोलिक-सामाजिक दस्तावेज होता है। चित्रे कहा करते थे कि मराठी साहित्य में मुंबई का सच्चा चित्र दिखाई ही नहीं देता। मैंने नाटक में हेतु पुरस्सर दूसरा परिवर्तन यह किया कि स्थान, काल आदि के संदर्भ विवरण के साथ प्रस्तुत किये। मैं लोअर परेल में रहता था, लेकिन पढ़ता था परेल के डॉ. शिरोडकर हाईस्कूल में। मेरे कई मित्र लालबाग और परेल में रहते थे। परेल यों भी लोअर परेल से जुड़ा हुआ इलाका है। वहाँ का केईएम अस्पताल, बच्चू भाई का आँखों का अस्पताल, परेल नाके के स्थित गौरीशंकर छितरमल मिठाई वाले की दुकान आदि सब कुछ से मेरा गहरा परिचय था। वह सब मैं नाटक में लाने लगा। जैसे-जैसे परिसर दिखाई देने लगा, वैसे-वैसे भाषा भी अधिक गहराई के साथ और स्पष्टता के साथ कानों को सुनाई देने लगी। अब तक नरू की ही भाषा लोग अलग से महसूस कर सकें इतनी अलग थी। पर, अब बाबा और मोहन की भाषा का फर्क भी महसूस होने लगा। ध्यान में आया कि राणे मोहन से अलग भाषा का इस्तेमाल करेगा। राणे की भाषा में मिल के सांकेतिक शब्दों का उपयोग होने वाला था। 'आरया हो गया रे आरया हो गया सबका' यह वाक्य मेरे कानों से टकराने लगा। जैसे यह वाक्य नाटक का सूत्र वाक्य बन गया। आरया यानी सत्यानाश। मिल के विभागों में काम करते वक्त विशिष्ट रूम टेंपरेचर मेंटेन करना पड़ता है। ह्यूमीडिटी कम होने पर साँचे पर लगी हुई बॉबिन के तार टूटते थे। उस वक्त मशीन का एक-एक हिस्सा सँभालना कामगार के लिए मुश्किल हो जाता। इसे 'आरया होना' कहते हैं। पर, बहुत बाद में नाटक के एक प्रयोग के उपरान्त जब हम एक होटल में बैठे थे तब धनंजय गोरे ने कहा था कि बहुत दिनों बाद यह वाक्य सुना। उसने बताया कि हमारे टायकलवाड़ी में इस शब्द का इस्तेमाल किया जाता था। वेटर भी कहने लगा कि हमारे गाँव के तरफ भी 'आरया हो गया' कहते हैं। यह सुनना मुझे बड़ा मजेदार लगा। मुझे लगा कि इस शब्द से मिल के रुई की गंध आ रही है।

माँ की भाषा मेरी दृष्टि से सर्वाधिक महत्त्वपूर्ण थी। वो कोंकण से आई हुई महिला, उसका लहजा मालवणी होगा, लेकिन इतने दिनों से शहर में रहने के कारण जैसा होता है, शहरी भाषा का मूल भाषा पर आघात होकर बीच की कोई और भाषा निर्माण हो चुकी होगी, यह जानकर मैंने माँ के एक्सप्रेशन्स का ढंग बदला। उसकी

जुबान पर चुन-चुनकर शब्द रखे। हर पात्र का अलग-अलग आवाज सुनाई देने लगा। इन सबसे ईमान स्थापित करते हुए मैंने हरएक के लिए शब्दों का चयन किया।

यह करते वक्त बहुत तकलीफ हुई। पर यह तकलीफ मुझे अक्सर होती है। संवाद लिखते वक्त तकलीफ तो होती ही है, कोई निश्चित शब्द जब तक नहीं मिलता मैं अड़ा रहता हूँ। गाड़ी आगे बढ़ती ही नहीं। थोड़ी देर के लिए किसी वैकल्पिक शब्द को लेकर आगे बढ़ना मेरे लिए सम्भव नहीं, इस कारण एक-एक पन्ने पर मैं कई-कई दिनों तक अड़ा रहा। मगर यहाँ यह तकलीफ मजे देने लगी थी।

संपूर्ण नाटक लिखने के बाद मैं अपने आप को ताजा महसूस करने लगा। मंगेश को यह सब अलग और बहुत अच्छा लग रहा था। वह मुझसे कहता, 'इन सब लोगों का जीवन मुझे कंठस्थ हो चुका है। उनका सारा अतीत मुझे मालूम है। अब यह नाटक मुझे साफ-साफ दिखाई दे रहा है।' इसके बाद वह कभी नाटक के पात्रों के जीवन से दुखी हो जाता। वह चिंता करने लगता कि इन सबका क्या होगा? एक दिन मंगेश के कहने पर मैंने रत्नाकर मतकरी के घर जाकर उन्हें नाटक पढ़कर सुनकर सुनाया। उस समय वहाँ कमलाकर नाडकर्णी भी मौजूद थे। दोनों को नाटक बहुत अच्छा लगा। मतकरी कहने लगे, 'यह नाटक तुम छबिलदास में क्यों कर रहे हो? इसे व्यावसायिक रंगमंच पर करो। अब वहाँ ऐसा विषय, ऐसा नाटक जरूर चलेगा।' इसके कुछ ही दिनों बाद मंगेश ने यह नाटक 'सुयोग' के सुधीर भट को पढ़कर सुनाया। उन्होंने कहा, 'इसे तुम व्यावसायिक रंगमंच पर मत करो। जरा भी नहीं चलेगा। नाटक अच्छा है। पर, व्यवसाय के लिए उपयोगी नहीं है। छबिलदास में करना ही उचित होगा।' दिल में फिर से 'फुस्स' हुआ। मैंने तय किया कि अब मैं इस नाटक को लेकर किसी भी निर्माता के पास नहीं जाऊँगा। हम ही इसका मंचन करेंगे।

इस बीच विद्या पटवर्धन को अपने ग्रुप के लिए एक नाटक चाहिए था। उसने नाटक करने के संकेत दिए। मंगेश भी तैयार हुआ। पर, बाद में काफी दिनों तक कुछ नहीं हुआ। जब वामन मिला, तब नाटक को फिर से लिखने के लिए उसने कहा। उसने भी यही कहा कि इसे व्यावसायिक रंगमंच पर ही करो। उसने चंद्रकांत राऊत नामक निर्माता को इस नाटक का सुझाव दिया। मैंने उन्हें नाटक पढ़कर सुनाया। राऊत तैयार हो गए। अब विद्या भी पीछे छूट चुकी थी। श्री चित्र-चित्ररेखा के बैनर तले नाटक के निर्माण की प्रक्रिया आरम्भ हुई।

नाटक के माँ का पात्र ज्योति सुभाष ही करेगी, यह हम बहुत पहले ही तय कर चुके थे। उसकी 'भाकरी आणि फूल' की भूमिका मैं देख चुका था। इस कारण वही इस भूमिका के साथ न्याय कर पायेगी इसके बारे में मुझे पक्का विश्वास था। हम 1994

में ज्योति से मिले थे। तब उसके दिल में स्क्रिप्ट को लेकर कुछ शंकाएँ थीं। पर, जैसे-जैसे अगले ड्राफ्ट बनते गए, वैसे-वैसे वे भी नाटक की प्रक्रिया में डूबती गईं। उन्होंने नाटक की स्क्रिप्ट के अंत में आने वाली दिक्कत हल करने में भी बड़ी मदद की।

नाटक का अंत मुझे जैसा चाहिए था वैसा हो नहीं रहा था। माँ, अण्णा के फोटो की ओर देखकर आक्रोश करती है। उसका यह कहना मुझे सांकेतिक लग रहा था कि 'बोलो, कुछ तो बोलो, अब ये शांति मुझसे बर्दाश्त नहीं होती'। नाटक के अंत को धार प्राप्त नहीं हो रही थी। मुझे एक और अंत सूझा। मेरे दिल में कई दिनों तक वह अंत घूम रहा था। वह यह कि आखिर में बटर आकर बताता है कि नरू पकड़ा गया है और तब सारे सन्न रह जाते हैं। फिर एक-एक पात्र स्वगत की तरह कुछ बोलने लगता है। बाबा, मोहन, मंजू...इसके बाद सारे एक साथ बोलने लगते हैं और उनकी आवाजें एक दूसरे में मिल जाने के कारण किसी की भी बात साफ-साफ सुनाई नहीं देती। केऑस पैदा होता है। बढ़ते-बढ़ते एक ऊँचाई तक पहुँचता है और अचानक रुक जाता है। फिर उस खामोशी में सिर्फ माँ का भड़भड़ाकर रोना ही सुनाई देता है और ऐसे में ही परदा गिरता है।

लेकिन मंगेश समझ नहीं पा रहा था कि यह भाग रंगमंच पर कैसे साकार होगा। इस कारण उसका आगे कुछ नहीं हुआ। रिहर्सलें जारी थीं, पर अंत सूझ नहीं रहा था। इसी समय ज्योति ने सुझाया कि माँ नरू का रक्त से सना शर्ट लेकर धीरे-धीरे आगे बढ़ेगी और उसे दर्शकों के सामने रखेगी। यानी इससे जैसे हम दर्शकों से सवाल पूछ रहे हैं कि अब यह वायरस घर तक पहुँच चुका है और आप ही बताइए कि इसका क्या किया जाए?

नाटक की स्क्रिप्ट में अंत अलग है। उसमें वह अंत रत्नाकर मतकरी द्वारा सुझाया गया अंत है। माँ उस रक्त से सने शर्ट को माचिस की तीली से जला देती है। शर्ट जलने लगता है और माँ उन ज्वालाओं की ओर अपलक देखती रहती है। मुझे यह अंत अधिक असरकारक लगा। रंगमंच पर धधकती ज्वालाओं से निर्मित प्रकाश योजना के कारण वह दृश्य भीषण दिखाई देता। रिहर्सल के दौरान राजीव ने एक सुझाव मंगेश को दिया था कि नरू आखिरी बार घर से बाहर जाते वक्त माँ के पाँव छूता है। यह स्थान 'टची' था। प्रयोग का यह 'मूव' मैंने छपी हुई स्क्रिप्ट में भी लिया।

अनेक बार नकारे जाने के बाद 'अधांतर' नाम निश्चित हुआ। इससे पहले मैंने 'रात होने से पहले' और 'तम निशा का शेष है' ये नाम सुझाये थे। राऊत ने कुछ अलग ही व्यावसायिक तौर के नाम बताए थे। पर, अचानक किन्हीं क्षणों में बहुत पहले सूझा हुआ 'अधांतर' नाम अंततः निश्चित हुआ।

नाटक पूरा हो चुका था। वास्तव में अब मैंने अपने आपको खाली या थोड़ा सा

आजाद महसूस करना चाहिए था। नाटक में एक जगह पर मंजू माँ से पूछती है, 'अण्णा के जाने पर तू हल्की हो गई होगी, है न?' तब माँ कहती है, 'हल्की कैसे होऊँगी बाई? और भारी हो गई मैं...' उसी तरह मैं भी इस लेखन के बाद 'भारी' हो चुका हूँ। वह परिसर, वह कालखंड, उस समय में घटित हुई कई सारी घटनाएँ अब एकत्र होने लगी हैं और मुझसे कहने लगी हैं, 'अब हमें भी मुक्ति दे...'

—जयंत पवार

'अधांतर' का पहला प्रयोग

श्री चित्र-चित्रलेखा संस्था के द्वारा अधांतर का पहला प्रयोग 8 अगस्त 1997 को ठाणे के गडकरी रंगायतन सभागृह में दोपहर 4.30 बजे हुआ। इस प्रयोग में शामिल कलाकार और तकनीशियन की श्रेय नामावली इस प्रकार है—

लेखक : जयंत पवार

निर्देशक : मंगेश कदम

नेपथ्य-प्रकाश : प्रदीप सुले

पार्श्व संगीत : अशोक पत्की

निर्मात्री : पुष्पा राऊत

निर्माण व्यवस्था : विजय पाँचाल

कलाकार

माँ : ज्योति सुभाष

बाबा	:	राजन भिसे
मोहन	:	भरत जाधव
नरू	:	संजय नार्वेकर
मंजू	:	लीना भागवत
राणे	:	अनिल गवस
सतीश	:	हेमंत भालेकर
सावर्डेकर मामी	:	सविता मालपेकर
बटर	:	आशीष पवार

अधांतर

प्रथम अंक

पहला प्रवेश

(मुम्बई के परेल इलाके की चाल के दो हिस्सों में बँटी एक खोली। सच तो यह है कि 15×12 का वह एक कमरा ही है, पर लकड़ी के पार्टीशन से उसके दो हिस्से कर दिए गए हैं। पार्टीशन के उस तरफ छोटा से रसोईघर है और इस तरफ उठने-बैठने के लिए बैठक। दीवार पर दिवंगत अण्णा की तस्वीर है। तस्वीर पर पता नहीं कब चढ़ाया गया यह हार जो अब सूख चुका है। इस घर के प्रमुख थे अण्णा। वैसे घर में बहुत ज्यादा सामान नहीं है। एक पुराना सा सोफा, जो भीतर से ढीला हो चुका है। सोफे पर बैठा है अण्णा का बड़ा बेटा बाबा। उम्र

35 के आसपास होगी उसकी। फैलकर किताब पढ़ रहा है और पाँव सामने टीपॉय पर फैले हुए हैं। पाँव के पास ही किताबों की थप्पी जमी हुई है। उसके पास है ऐश स्ट्रे, जिस पर रखी हुई सिगरेट से धुआं उठ रहा है। बाबा जहाँ बैठा है उसकी पिछली दीवार की पटियों पर शेल्फ की तरह किताबें रखी हुई हैं, एकदम बेतरतीब ढंग से। एक दीवार के पास छोटा सा राइटिंग टेबल। वहाँ भी किताबें और खुले कागज रखे हैं। एक ओर जमीन पर पार्टिशन से टिककर मोहन बैठा है। मोहन बाबा से छोटा है। इस समय वह कान को ट्रांजिस्टर लगाकर क्रिकेट कमेंट्री सुनने की कोशिश में है। दीवार पर आईना लटक रहा है। कोने में लकड़ी के खोखे पर टीवी और उसके पास ही पटिये पर रेडियो रखा है। देखकर ही लगता है कि दोनों बिगड़ी हुई हालत में हैं। खोली के सामने वाले हिस्से में अलग से एक गैलरी है जहाँ मंजू खड़ी है। मंजू सबसे छोटी है, पर विवाहित है। वैसे उसके चेहरे पर वैवाहिक होने का जरा भी तेज नहीं है। वैवाहिक होने की निशानी के तौर पर उसके गले में मंगलसूत्र जरूर लटक रहा है। चावल भरी थाली लेकर मंजू खड़ी है। वह चावल बिन रही है, साथ ही रास्ते पर चलने वाली गतिविधियों पर भी उसकी नजर है। तभी मिल का सायरन बजता है। ट्रांजिस्टर की बटनों से मोहन खेल रहा है। तभी अचानक स्टेशन लग जाता है और कमेंट्री का जोरदार शोर गूँजता है। उतने ही जोर से मोहन चिल्लाता है—'आउट'! उसी के साथ तनतनाते हुए मंजू भीतर आती है।)

मंजू : ए भैंसे, पहले उठ के बैठ, नहा ले। मिल का पोंगा सुना, ग्यारह बज चुके हैं।

मोहन : चुप रह, देख विकेट गई।

मंजू : दो बार पानी गरम हो चुका है।

मोहन : अब भला कौन नहाएगा? सचिन गया! अब जाने वालों की लाइन लगेगी।

मंजू : यानी नहीं नहाएगा तू?

मोहन : मैच खत्म होने के बाद ही नहा लूँगा इंडिया के नाम से। यूँ भी साले

हारने वाले हैं।

मंजू : अब माँ आकर मेरे नाम से चिल्लाएगी। उधर मिट्टी का तेल खत्म हो चुका है।...ए बाबा, तू नहा लिया?

बाबा : (*उसका ध्यान किताब में ही है*) हूँ।

मंजू : मेरा नसीब!

मोहन : तू नहा चुकी ना, इतना काफी है।

मंजू : (*आँख दिखाते हुए*) क्या?

मोहन : घुसा दिया साले को। आउट कटर था शायद।

मंजू : पहले वह ट्रांजिस्टर रख। गेहूँ चक्की पर भेजे हुए हैं। आटा सानना है अभी।

मोहन : आज रविवार है।

मंजू : रविवार को चक्की चालू रहती है।

मोहन : चावल बिन रही है न? चढ़ा दे थोड़े से ज्यादा। चपाती की जरूरत ही क्या है?

मंजू : तू उठता है या नहीं?

मोहन : सर पकाते रहती है माँ की तरह। एक मिनट भी चैन से बैठा हुआ नहीं देखा जाता तुझसे। चालू रहती है नहा ले, चक्की पर जा। एक बार मैं बाहर निकला तो तू गैलरी में बैठने के लिए आजाद।

मंजू : गैलरी में बैठने के लिए किसी का डर है मेरे को?

मोहन : ए...चल अंदर हो, चावल चढ़ा चूल्हे पर। वरना हमें खाना नहीं मिलेगा।

मंजू : एकाध दिन भूखे भी रह लो।

मोहन : ए, तेरे पैसे से नहीं खाता मैं।

मंजू : फिर किसके पैसे से खाता है, माँ के?

मोहन : देख यह ट्रांजिस्टर फेंक कर मारूँगा।

मंजू : नरू तेरे को मारेगा।

मोहन : अरे तेरी तो...(*उठता है*)

माँ : (*दरवाजे में खड़ी है, एक हाथ में बाजार से लाई हुई थैली और दूसरे हाथ में आटे का डिब्बा*) मोअन! (*मोहन दबक कर बैठता है*) हो गई शुरुआत तुम्हारी? बस रास्ता ही देखते रहते हो कि कब सुबा होती है

और कब एक-दूसरे पे सवार हुआ जाए।

मंजू : देख न, आधे घंटे से चिल्ला रही हूँ कि नहा ले, पर कसम है कि जगह से उठे।

माँ : तेरेकू क्या वो उठने वाला लग रहा है, कान कब के फट चुके हैं उसके। अब तू काहे को अपना हलक फाड़ रही है? चल ये सब्जी काट के रख। शाम को काम आएँगी। और यह डब्बा अंदर रख।

मंजू : तू लेकर आई आटा चक्की से? देख, मैं कब से इस भैंसे को कह रही थी कि चक्की पर जा लेकिन...

माँ : देख नहीं रही है कि कैसे कीचड़ में गड़े हुए की तरह जमकर बैठा है!

मोहन : हाउस दैट!

(माँ उसकी ओर गुस्सैल नजरों से देखती है। 'हे भगवान एक बार काट ही डाल पाँव'...इस तरह बुदबुदाते हुए भीतर जाने लगती है)

बाबा : अंदर है तो मेरे लिए एक कप चाय ले आ।

माँ : हौं, लाती हूँ न। बस एक-एक जन देते रहे आर्डर। हम नौकर हैं ना सेवा के वास्ते तैयार।

मोहन : मुझे भी चाहिए।

माँ : तेरे को तभी जाते समय दे गई थी न।

मोहन : फिर एक बार दे देगी तो कुछ बिगड़ेगा नहीं।

माँ : कैसे नहीं बिगड़ेंगा? चा के लिए पौवडर लगती है, शक्कर लगती है, दूध लगता है और उसको बनाने के लिए स्टोव में घासलेट भी लगता है...इस सबके वास्ते जो पैसे लगते हैं ना उसे अगर तुम लोग कमा कर लाओ तो मेरा कुछ भी नहीं बिगड़ेगा। फिर एक क्या, दस-दस कप चा पीते रहो दिल खोल के। मेरे बाप का कुछ नहीं जाएँगा।

मोहन : (*जरा देर के लिए ट्रांजिस्टर अलग रखता है*) हर बार यही कहती है तू और वह भी मुझे ही...सिर्फ मुझे ही सुनाती है। बाबा का सुबह से यह चौथा कप है चाय का। जरा उसको बोल!

बाबा : (*आँखे तरेरकर*) मोहन!

मोहन : अब क्यों? ऐं? तेरी हर बार की यह आदत है।

माँ : चुप बैठ, लाती हूँ चा।

मोहन : नहीं चाहिए अब मुझे।

माँ : फालतू के नखरे मत कर, दे रही हूँ तो ले ले।

मोहन : हट! अब देगी तब भी हाथ नहीं लगाऊँगा।

माँ : अरे भगवान, तू ही देख कैसे छले जा रहे हैं ये सब मेरे कू...

मंजू : जब वो नहीं कह रहा है तो तेरा क्या बिगड़ता है ? वैसे भी चाय पीकर क्या करने वाला है, उधर सावर्डेकरनी के बाकडे पे जाकर बैठेगा दिन भर।

मोहन : ए, पहले अपने पाँवों तले क्या जल रहा है देख, अपने आदमी से बोल। दिनभर बैठा रहता है न मिल के गेट पर पत्ते पीसते हुए, जा उसको बोल।

मंजू : जरा मुँह संभाल के बात कर। मिल को ताला लगा है इसलिए अनशन कर रहे हैं वो वहाँ।

मोहन : अनशन यानी जुआ खेलने का एकदम बेस्ट इंतजाम। जरा बता तो पैसे कहाँ से आते हैं ?

मंजू : माँ, इसे समझा दे।

माँ : तेरे कू गंदगी में पत्थर फेंकने कू कहा किसने ? तेरे कू नहीं मालूम कि वो गंदगी है ? चल जरा आटा सान दे।

मंजू : हाँ, तू मुझे ही चुप कर। उसको कुछ नहीं कहना।

माँ : थक गई हूँ कह-कह के। अब मेरे में जरा सी भी ताकत नहीं बची बाई।

मंजू : ऐसा कह ना कि इच्छा ही नहीं है कहने की। तू ही चाहती है कि...

माँ : मैं क्या चाहती हूँ ?

मंजू : यही कि सभी मुझे नोच-नोच कर खाओ। जो दिल में आए वोइच बको और तू अपनी अल्लग-थल्लग। कुछ भी कहने पर कान पर हाथ रखकर अपनी जान छुड़ाने के लिए फ्री।

माँ : सुन रहा है पांडुरंग इसकी...

मंजू : इससे अच्छा है कि साफ-साफ कह दे कि बाई बहोत हो गया, छे महीने रह चुकी यहाँ। अब उठा अपना बोरिया-बिस्तर और निकल पड़ यहाँ से (*सिसकी लेती हुई*)

माँ : इसमें का एक भी शब्द मैंने कभी नहीं कहा और कहूँगी भी नहीं। इत्ते

सारों को संभाल ही रही हूँ। तब तुम दोनों भी मेरे लिए क्या बोझ हो।

मंजू : बोझ भला कैसे बनेंगे? उनकी नौकरी छूटने पर भी मैं लाती हूँ ना कम्पनी से कमा कर हज्जार रुपए मैना।

माँ : उसमें से पाच सौ ही देती!

मंजू : तो! एक आदमी के और कितने दूँगी? वो कभी आते हैं घर में खाने के लिए? दोनों टाइम बाहर ही खाते हैं। पता नहीं खाते भी हैं या वैसे इच रहते हैं?

माँ : पर मैं तो थाली हमेशा ही निकाल कर रखती हूँ ना बाई। वो आए या नई आए। राणे के लिए तीन रोटी, सालन और मुट्ठी भर भात रखा इच रहता है। है ना?

मंजू : मत रखा कर। और बार-बार यह सुनाया भी मत कर।

माँ : चूक हो गई बाई मेरी। इसके बात नई बोलूँगी एक अक्षर। उनकू बोलना तुम करते रहो उधर बढ़िया हड़ताल। करते रहो अनशन। वो क्या कहते हैं यूनियन फिनियन सब कुछ करो। अपनी जान कू तकलीफ दो, औरत को तकलीफ दो पर एक बार मिल शुरू हो जाए तो सीधे काम पर जाया करो। फिर हाथ में झंडे लेकर मत घूमना। जा ये जरा सा पानी डाल मोरी में *(पानी का बर्तन मंजू को देती है)*

मंजू : *(भीतर ही भीतर फनफनाते हुए)* इनकी झंडे लेकर यहाँ वहाँ नाचने की आदत मालूम थी न। ये आदमी एक जगह नहीं बैठेगा मालूम था न। शादी से पहले एक महीना इनका मिल का खाता शुरू हुआ और इनको काम मिलने लगा। तब तक ऐसे ही थे ना ये, मिल के गेट पर झंडे लेकर...

माँ : कुछ भी हो पर भला था आदमी...देखभाल कर पक्का किया था सब।

मंजू : हाँ, दूसरी शादी हुई तो क्या हुआ और उमर से थोड़ा बड़ा भी हो तो क्या, आदमी भला था।

माँ : फिर तुझे कैसा चाहिए था? पहले इत्ते सारे नाटक रचा के रखे थे...

मंजू : क्या नाटक किए थे मैंने एँ?

माँ : अब बस हो गया, खतम भी करो बात।

('मोहन की माँऽ' पुकार लगाते हुए सावर्डेकर मामी आती है।

उनके हाथों में पेड़े का डिब्बा है। उम्र करीब 45 वर्ष पर अब भी सेक्स अपील कायम है। तंग ब्लाउज और कसी हुई साड़ी के जरिए शायद अपना सेक्स अपील दिखाना भी चाहती हैं वे। माथे पर बड़ी सी कुमकुम की बिंदी और गले में खास तौर पर दिखाई दे इस ढंग से पहना मंगलसूत्र। तेजी से उनका प्रवेश।)

मंजू : लो, आ गई इनकी सवारी।

(मामी अंदर आती है। मंजू उसके सामने से ही गैलरी में चली जाती है)

मामी : मोहन की माँऽ...मोहन! अरे तू यहीं है। मेरे को लगा कि चाल के लड़कों के साथ पिकनिक-विकनिक को गया कि क्या!

मोहन : लड़कों के साथ? हट!

मामी : दो दिन नहीं आया तू उधर बाकड़े पर।

मोहन : मैच चालू है न। साले हार रहे थे। सचिन गया तो सोचा खतम हो गया मामला। पर बरसात आ गई आखिर दौड़कर इनकी मदद के लिए।

मामी : अपने लोग हमेशा-हमेशा कैसे क्या हारते रे?

मोहन : वाह! आज तो एकदम नई साड़ी है!

मामी : तेरा ना बहोत बारीक ध्यान रहता है। ले पेड़ा ले!

मोहन : बाबा को दो।

मामी : देती हूँ न, पहले तू तो ले।

मोहन : उं...मेरे को दो दो।

मामी : दो क्यों तीन ले। *(उसके हाथ पर पेड़े रखती है और बाबा को देने के लिए आगे बढ़ती है)*

बाबा : उधर टेबल पर रख दो। बाद में ले लूँगा।

(मामी पेड़ा रखकर वापस आती है)

मामी : *(मोहन को हल्की सी चपत लगाती है)* पगले ये नहीं पूछा कि पेड़े किस बात के हैं।

मोहन : मा़लूम है न कि पेड़े कब दिए जाते हैं।

मामी : तू न एक नम्बर का बदमाश है। *(अंदर जाती है)* क़ाकी, लो पेड़ा लो।

माँ : काहे का है ये।

मामी : राकेश को कल पहला पगार मिला।

माँ : सच्ची ? कहाँ लग गया वो।

मामी : फिटटाइटनटबोल्ट—ड्रापमन में लगा है। कल पगार के पौने तीन हजार मिले तो भगवान के सामने रखे। खुद ही लेकर आया था पेड़े।

माँ : हाँ, बहुत गुनी है वो।

मामी : सचमुच, सभी बोलते हैं कि इस एरिया में रहकर भी इत्ता निर्मल कैसा रह गया वो। जरा सी भी कटकट नहीं हुई हमको। आईटीआई करते ही चिपक गया काम को। अब भी जरा भी इदर-उदर नहीं जाता। काम पर से डायरेक घर पे आता है।

माँ : चार पेड़े रख दे यहाँ पर।

मामी : चार किसके ? ये तुमारा, ये मंजू का।

माँ : और ये एक राणे का।

मामी : राणे ?

माँ : अरे अपने मंजू के घर वाले।

मामी : हाँ, वो राणे। अभी तक यहीं रहते हैं न!

माँ : और नरू का ?

मामी : अरे मैया मेरी! वो तो महा शनि है। उसका मान सबसे पैले रखने को होता। *(कुछ याद आता है)* काकी, कल नरू ने गल्ली में क्या लफड़ा किया था ?

माँ : ये मोअन कुछ बता रहा था जरूर।

मामी : सुना कि अंडे वाले उस्मान को खूब मारा उसने और रात को लड़कों ने वहाँ जाकर उसका खोखा जला दिया। खोखे में मुर्गियाँ थी, कहते हैं सब जल कर मर गईं।

माँ : अब बताओ क्या करूँ इस लड़के का ? तुमी बोलो।

मामी : पुलिस की वायरलेस आई थी। हमारा राकेश सामने-सामने नाच रहा था। मैं बोली बैठ चुपचाप घर में। वो मारने पीटने वाले छूट जाएँगे और पुलिस तेरे को ही उठाएगी।

माँ : ये लड़का न एक दिन नाक कटवाकर रहेगा हमारी। धुरियों के खानदान में अब तक कोई पैदा नहीं हुआ था ऐसा।

मामी : ये उसके दो पेड़े रख रही हूँ। *(छोटे भगौने पर रखे ढक्कन को अलग कर*

देखती है) अरे आज सेम की उस्सल बनाई है! वा। बड़े-बड़े दाने दिख रहे हैं। कैसा महक रहा है एकदम। मुँह में पानी आ गया। मैं थोड़ी देर बाद आकर एक कटोरी उस्सल ले जाऊँगी। *(बाहर जाती है)* जा रही हूँ रे मोहन!

मोहन : इधर आओ, इधर आओ। *(वो नजदीक आती है)* ये दाग काहे का लगा है साड़ी को...

मामी : अरे हाँ रे! *(साड़ी झटकती है)* मुँए तेरा बड़ा बारीक ध्यान रहता है। रात को राकेश कैसेट लाने वाला है- 'हम आपके हैं कौन'!

मोहन : आऊँ?

मामी : *(इतराते हुए)* आ न! *(मोहन हँसता है और ललचाई नजर से उसकी ओर देखता है। फिर हाथ बढ़ाता है। वह उसके हाथ पर पेड़ा रखती है और हँसते हुए चली जाती है।)*

मोहन : ओ...बताया नही ये पेड़ा किस बात का है?

माँ : *(भीतर से बाहर आती हुई)* मैं बताती हूँ। वो राकेश है न कल उसकू पइला पगार मिला। इस वास्ते दिया है ये पेड़ा उसने।

मोहन : मस्त है। गौरीशंकर से लाया लगता है।

माँ : ए बेशरम, शर्म नहीं आती तेरे कू। चार-चार पेड़े खा रहा है। पेड़े क्या खा रहा है, जरा सा गोबर खा। कल तक हाफ पेंट पहनके यहाँ-वहाँ घूमता था वो राकेश। कल पौने तीन हजार रुपए पगार लेकर आया है और एक तू है कि पैंट गांड से नीचे भी खिसक जाए तब भी पेंदा मत हिलाना।

मोहन : राकेश का मत बता मेरे को, हाँ। कार्लसन में स्टार्टिंग में ही मेरे को ढाई मिलते थे, मालूम है न। अब तक मजे से साढ़े चार हो गए होते।

माँ : रहने दे साढ़े चार, वो ढाई भी गए न। क्या बचा?

मोहन : अब नई बचा तो मैं क्या करूँ? मेरा कुछ भी फॉल्ट नहीं होने पर भी उड़ा दिया मेरे को उन्होंने। साले मुझे उड़ाना ही चाह रहे थे। पैसे खाए थे दूसरे ने और फँसा दिया मेरे को।

माँ : नौकरी गई तो गई, ऊपर से पाँच हजार रुपए अलग से भरने पड़े।

मोहन : पर मैंने नहीं खाए थे पैसे।

माँ : ठीक वई टाइम पे हास्पिटल में एडमिट थे ये। काका से माँगे पैसे तो हाथ ऊप्पर उठा दिए उसने। यहीं उमर गई उनकी। इसी खोली में। तेरे जैसे ही दिन भर सोए रहते थे। बड़े भाई ने बड़ा किया और अब उनके ही बेटों के लिए पैसे भरने का टाइम आया तो दो कौड़ी भी नई निकाली। तब नाना ने पैसे भरे। उस भले आदमी ने फटाक से निकाल कर दिए पाँच हजार।

मोहन : मैं चुका दूँगा उनके पैसे।

माँ : हाँ, खूब चुकाएगा तू! छे साल हो गए उस बात को और अब नाना भी मिल बंद पड़ जाने से मुलुक में चले गए हैं। ये चुकाने-वुकाने की बात रहने दे। दूसरा कोई होता तो कोई और नौकरी ढूँढ़कर काम पर लग गया होता।

मोहन : नौकरियाँ पेड़ पर नहीं लगतीं।

माँ : कभी कोशिश की थी?

मोहन : नहीं की थी? जितनी हो सकती है उतनी करता हूँ।

माँ : उस माणिक भाई का क्या हुआ?

मोहन : ए तू जा, मेरे को कमेंट्री सुनने दे। वो भी साली ढंग से नहीं लगती। समझ में ही नहीं आता कि आदमी टाइम पास कैसा करे!

माँ : तू टाइम पास कर। और वो एक है नरू, आने तो दे उसकू। झोंटे ही खींचती हूँ। खुद क्या-क्या लफड़े करता रहता है और आफत हमारी जान की। *(बोलते हुए गैलरी में जाती है और वहाँ मंजू को देखकर उसके माथे पर बल पड़ जाते हैं)* तू क्या कर रही है यहाँ, चल अंदर।

मंजू : दौरे पर आई थी न वो यहाँ! आग लगा कर गई होगी नरू के खिलाफ।

माँ : तू पहले घर में चल। नरू की बात कर रही है...जैसे तेरा नरू कोई बड़ा भारी सेठ है।

मंजू : उसका वो देखेगा। लेकिन इसकू क्या करना है क्यों एक का दो करके आग लगाती रहती है?

माँ : एक मूं से वच-वच तो दूसरे मुँह से मच-मच। इस भागम भाग में उसकी नजर सेम की उस्सल पर भी गई। अब आएँगी कटोरी नचाती।

मंजू : *(भीतर आती है, मोहन के हाथ से ट्रांजिस्टर छीनते हुए)* ए चल ला

इधर। गीतगंगा का टाइम हो गया है।

मोहन : ए खींच मत मंजू...

मंजू : तेरा नहीं है वो। ज्यादा मिजाज मत दिखा, नरू लेकर आया है।

मोहन : पैसे देकर नहीं लाया वो। हड़प लिया है किसी का।

मंजू : उसने उत्ता तो किया।

मोहन : तो, क्या कहना है तेरा। मैं भी हड़पू दूसरे की चीजें।

मंजू : खरीद कर ला।

मोहन : खरीदने को पैसे लगते हैं।

मंजू : तो नौकरी कर।

मोहन : दात गिरा दूँगा। साली कम्पनी में जाती है, इसका मतलब ये नहीं है कि स्वर्ग में जाती है।

मंजू : ए, तू ट्रांजिस्टर दे।

मोहन : पहले हाथ हटा। *(दोनों की छीना झपटी में बाबा डिस्टर्ब हो रहा है)*

बाबा : प्लीज स्टॉप धीस नॉनसेंस। भैस की तरह बढ़ गए हो, पर अकल के नाम पर सिर्फ दिवाला है। स्कूली बच्चों की तरह झगड़ा करते हो।

मंजू : तू तेरा काम कर।

बाबा : वही कर रहा हूँ, पर तुम्हारी चीख चिल्लाहट से लगातार डिस्टर्ब हो रहा हूँ। ऐसी छीना झपटी करनी होगी तो बाहर जाकर रास्ते पर करो।

(मंजू ट्रांजिस्टर लेकर गैलरी में जाती है)

माँ : क्यों रे बरसता है उस पर? सभी उस पर इच भड़ास निकालते हैं।

बाबा : उल्टा चोर कोतवाल को डाँटे, यही इस घर की रीत है। उसका वकालतनामा मत ले। सुन, शादी हो गई है ना उसकी यानी अब वो बच्ची नहीं है। कम से कम नाखून के बराबर समझदारी दिखने दे उसमें। और ये मोहन...हट! अरे, कभी तो अपनी जिंदगी के बारे में गम्भीरता से सोचो। दुनिया कहाँ जा रही है? हम कहाँ जा रहे हैं...?

माँ : हम कहींच नईं जा रहे हैं...जहाँ थे वहींच हैं और तू कर रहा है न हमारे सब के हिस्से की चिंता। बस, इतना गंभीरपना भोत हो गया।

बाबा : तुमको न हर बात मजाक ही लगती है। करो, उड़ाओ मेरी मजाक।

माँ : काहे को मजाक?

बाबा : तुमको तकलीफ होती है न। पर अड़चन होती है मेरी। आई नो इट वेरी वेल। तुम्हारा ठीक है, जो सोचते नहीं न वो लोग हमेशा ही मजे में रहते हैं। सुख से जिंदगी जीते हैं वे। तकलीफ उठाना पड़ती है हम जैसों को। यही यही मेरी गलती है कि मैं सोचता हूँ।

माँ : क्या सोचता है रे तू? कभी सोचा है कि ये घर कैसे चलता है? तेरे अण्णा क्या कोई खजाना छोड़ गए हैं? जो कुछ बचा खुचा था वो भी सब बीमारी में निपट गया आखिर में। आज मैं तीन लोगों के खाने के डिब्बे बनाती हूँ और सिलाई के छोटे-मोटे काम करती हूँ, ये मंजू है तो थोड़ा सहारा हो जाता है। ऐसे में छे आदमी का घर कैसे चलता है कभी सोचा है इस पर?

बाबा : तू क्या कहना चाहती है समझता है मुझे। नौकरी का झुनझुना मेरे सामने मत बजा, वो सब मोहन को बताया कर। ये देख मेरा जन्म बाबूगिरी करने के लिए नहीं हुआ। मेरा रास्ता अलग है और मुझे मालूम है कि मेरे पास क्या है और क्या नहीं है।

माँ : हाँ...मालूम है, भोत मालूम है।

बाबा : क्या मालूम है तुझे? तुझे मालूम है बाहर की दुनिया बाबा का कितना सम्मान करती है? कभी इन चारदीवारों से बाहर निकले हो? अरे संबंध ही क्या है तुम्हारा साहित्य से, साहित्य के विवादों से, चर्चाओं से, परिसंवादों से? कभी सुना है सेमिनार शब्द? *(एक कागज लहराते हुए)* ये अस्मितादर्श सम्मेलन का निमंत्रण आया है मेरे नाम से। क्या होता है अस्मितादर्श मालूम है? हट, तुम लोगों से बोलने का कोई अर्थ ही नहीं। *(किताब पढ़ने लगता है, माँ तनतनाती हुई भीतर चली जाती है)*

मंजू : *(ट्रांजिस्टर पटकते हुए, मोहन से)* खतम हो गया प्रोग्राम! अब रख दिन भर ट्रांजिस्टर अपने छाती पर।

(दरवाजे की कुंडी की आवाज। बाहर से आवाज आती है 'नरू की माँऽ'। माँ बाहर आती है। हाथ में थैली थामते हुए बटर भीतर आता है। बटर की उम्र है 15-16 वर्ष। दुबला पतला, ठिंगना, काला। भड़कीले रंग का शर्ट, सिलवटें पड़ी हुई हाफ पैंट। बाल बढ़े हुए हैं और बिखरे हुए भी। पाँव में स्लीपर है।)

मंजू : क्या है रे बटर...

बटर : नरू की माँ, ये लेओ। नरू ने दिया।

माँ : क्या है ?

बटर : मुर्गी है, एकदम साप करके लायेला है।

माँ : अरे मेरे नसीब। अब इसे पकाएगा कोन ? आधों का तो खाना भी हो चुका है।

बटर : नरू को ओ मुर्गी वाले पप्पी ने दिएला है। नरू बोलताय थोड़ा सुक्का मटन भी बनाने का...

मंजू : मटन लाया है। अब मिर्ची, धनिया, अदरक, टमाटर कौन लाएगा। जा पूछ नरू से।

बटर : पूछता हूँ *(जाने लगता है)*।

माँ : ए शाने, बैठ वहाँ पे। पहले बता वो शहंशाह कब पधारेगा ?

बटर : क्या मालूम ? बाबू के खोली पे है।

माँ : वहाँ पे क्या कर रहाय ?

मोहन : और क्या, तीन पत्ती खेल रहा होगा।

बटर : नईं, सो रहाय। रात को भोत जागरन हो गया ना।

मोहन : रात को क्या लफड़ा हुआ था रे, सारे भाग रहे थे इधर-उधर।

बटर : क्या मालूम भाय।

माँ : वो उस्मान मुर्गी वाले का खोका किसने जलाया ?

(बटर प्रश्नार्थक ढंग से कांधे उचकाता है)

मोहन : ए, येड़ा बनकर पेड़ा मत खा।

माँ : मुर्ग्यां भी जल के राख हो गई बोलते ?

बटर : माँ कसम, मेरे कू कुच बी मालूम नईं।

माँ : मेरे कू मालूम है सब कुछ। यहाँ पर बैठे-बैठे ईच मेरे कू सारी खबरें मिल जाती हैं। बोल, नरू ने उस्मान को पीटा न ?

मोहन : बोल, माँ कसम मालूम नईं।

बटर : सच्ची ! मैं रहताच नईं उन लड़कों में।

माँ : स्कूल कब छोड़ी ?

बटर : भोत दिन हुए।

माँ : अब ये धंधे करता है ?

बटर : नईं, मिल में जाता हूँ न।

मोहन : क्यों फेंक रहा है ?

बटर : ये देख काम का पास। *(जेब से कार्ड निकाल कर मोहन को देता है)*। कांडी खाते में बेगारी में।

मोहन : *(ध्यान से देखते हुए)* हाँ, सारे खाड़े ही खाड़े हैं।

माँ : क्या रे ?

बटर : नईं, वो पाली पड़ गई थी। आजकल काम मिलता कहाँ है ? मिल के काम का कुछ भरोसा नईं है। शायद बंद भी पड़ जाएँगी। दूसरी तरफ ले जाने की बोल रहे हैं।

माँ : अरे दूसरी तरफ ले जाएँगे तो वहाँ पे जा। पर ऐसा इधर-उधर आवारा के जैसा मत घूम। इन बिगड़े हुए लड़कों में फँसेगा तो जिनगी का सत्यानास कर बैठेगा।

बटर : हाँ।

माँ : हाँ क्या ?

बटर : नईं रहूँगा...नरू को कित्ते बजे आने के वास्ते बोलूँ ?

माँ : बोल दो घंटे बाद आने को। *(थैली लेकर भीतर जाती है)*

बटर : जाऊँ मैं ? *(जाता है। बाबा उसकी तरफ बड़ी तुच्छ नजर से देखता है)*

मोहन : एक नंबर का फेकूचंद है। रात को लड़कों ने लफड़ा किया और ये बोल रहा है कि इसको मालूम नहीं।

माँ : नहीं होगा मालूम। वो मिल में जाताय।

मोहन : एक दिन बढ़िया तड़ी पड़ेगी।

बाबा : आप लोग ऐसे लड़कों को एंटरटेन ही क्यों करते हैं ? जब वो जा रहा था तब उसे क्यों बैठा के रक्खा ?

माँ : क्यों ? क्या उसके बदन को मैला लगा था ?

बाबा : उसके आँखों में लगा कीचड़ देखा है। बड़ी उपदेश झाड़ रही थी कि आवारागर्दी करते हुए मत घूमा करो। जैसे तेरे उपदेश से ज्युवेनाईल डेलिक्वन्सी ही नष्ट हो जाएगी। आप लोग अपने इस तरह के व्यवहार से एक तरह से अपराधियों को प्रोत्साहित करते हैं।

माँ : अपराधियों को ? क्या गुनाह किया रे उसने ? बाप ने घर से भगा दिया।

बेचारे से चार ममता के बोल बोलने को भी कोई नहीं और बताओ गुना कोई खुद जानबूझ कर करता है।

बाबा : ये देखो कासॉबोन का मत तुम मुझे सुनाओ मत। बाप ने भगाया और आर्थिक मजबूरी के कारण जीवन संघर्ष में फंसकर वह सामूहिक अपराधीकरण की निचली सीढ़ी पर आ पहुँचा।

मंजू : *(भीतर से आकर माँ से)* पहले उस मटन का क्या करने का, इस सवाल का जवाब दे।

माँ : इसको लाल मिर्ची लाने के वास्ते बोल।

मंजू : तू बोल।

माँ : जा रे मोऽअन।

मोहन : मटन खाने के लिए नरू और मिर्ची लाने के लिए मोहन! अच्छा धंधा है!

माँ : सब के थाली में पड़ेगा, जा जल्दी से।

मोहन : च्यॅक!

माँ : बहोत मस्ती चढ़ गई है न तेरेकू!

मोहन : वो सामने वाला बनिया झंझट करता है। मेरे जाते ही शुरू करता है पैसे का गाना।

माँ : तो फिर नुक्कड़ पे जा।

मोहन : वहाँ भी वही हाल है। साला तुम्हारी उधारियाँ भी क्या थोड़ी हैं।

मंजू : ये, दे पैसे मैं च जाती हूँ।

मोहन : मैं सोच ही रहा था, ले ले चांस।

मंजू : ए अपना मुँह बंद रख।

(बाहर शोर होता है। मोहन तड़ाक से उठकर बाहर जाता है। पीछे पीछे मंजू भी जाती है। माँ धीमे कदमों से उनके पीछे जाती है। बाबा परेशान नजरों से देखता रहता है। जोर जोर से चीखने की आवाज अब करीब आने लगी है। मंजू की फटी हुई आवाज कानों पर पड़ती है। मोहन राणे को जबरदस्ती खींचते हुए भीतर लाता है। अरविंद राणे मंजू का पति है। उम्र होगी 35 से 40 के बीच। पिचका हुआ चेहरा। बदन पर जो कपड़े हैं वे कई दिनों से धोए नहीं गए हैं। राणे बहुत गुस्से में हैं। पलट-पलट कर बार-बार दहाड़ता है और दौड़कर बाहर जाना चाहता है। मंजू उसे

धकेलते हुए भीतर ले आती है)

राणे : मादरचोद को खल्लास कर डालूँगा। एक-एक का नहीं मुर्दा गिराया तो नाम बदल देगा अरविंद राणे।

मोहन : पहले अंदर चलो तुम। फिर देखेंगे किस-किस को खल्लास करना है वो!

राणे : तू मेरे को छोड़, मोहन। साले को आज दिखाता हूँ।

मंजू : चुप भी बैठो अब। बहुत हो गया दुनिया को तमाशा दिखाना। अब अंदर चलो।

राणे : तू चुप बैठ। तेरे को कुछ मालूम नहीं है। अरे ओ भड़वो, हिम्मत हो तो एक बार मुझे टच करके ही दिखाओ।

मोहन : *(दरवाजे पर आए लोगों को भगाते हुए)* ए चलो यहाँ से। यहाँ कोई पिक्चर का शो नहीं लगा रखा है। चलो फूटो! *(दरवाजा बंद करता है)*

माँ : उस बटर को क्यों पकड़ा था, क्या किया उसने तुमारा।

राणे : क्या किया? भड़वे का टेटवा दबा दिया होता सीढ़ी पर मैंने।

माँ : कित्ते जोर से गला दबाया उसका। इत्ता सा लड़का वो!

मोहन : पर चर्बी देखी है उसमें कित्ती है, कैसी गालियाँ दे रहा था।

राणे : तू एक बार छोड़ तो मेरे को मोहन।

मोहन : जीजाजी, अब और तमाशा मत दिखाओ *(जोर लगाकर उन्हें भीतर धकेलता है)*

राणे : *(माँ से)* अपने छोटे वाले को समझा कर रखो। वो अपने धंधे भले ही करे, मैं उसके लफड़े में कभी नहीं पड़ा। इसलिए बोल दो उसको कि वो मेरे बीच में न पड़े।

माँ : पर किया क्या नरू ने?

राणे : वो क्या करता है, करता तो उसका भाई है। ये बस भाई की सुनता है और लड़कों को भेजता है।

मंजू : लड़के किसके लिए?

राणे : हमको मारने के लिए। मिल वाले सेठ ने उनको सुपारी दी है।

मंजू : तुमको मारने की?

राणे : उसके बिना वो भड़वा सारी मशीनें बाहर कैसे निकाल पाएगा। अरे हम पहरे पर रहते हैं न, उनकी पुंगी टाइट हो गई है। पहले पुलिस से कहकर

देखा। हमारा अनशन देखकर रह गए पुलिस वाले हाथ मलते। अब परश्या भाई को सुपारी दी है। भेनचोद, परसो हम गेट पर बैठे थे तब दूर से ये लोग आए और फेंकने लगे पत्थर और ईंटें। रामप्यारे मिश्रा की पीठ पर ईंट लगी। कल जगन्नाथ हरचेकर को उठाकर ले गए वो, साले दस-दस जन एक-एक को मारते हैं। दो लोगों ने जग्या को पकड़ा और एक ने पट्टे से मारा उसको। तब वो सीढ़ियों पर मिला न...

मंजू : बटर।

राणे : वो भी था वहाँ, अरे नरू का पंटर ही है ना वो? साले को सीढ़ियों पर ही दबोच देता।

माँ : नरू था वहाँ पर?

राणे : शाणा कौवा है वो। वो कायको सामने आएगा।

माँ : मैं समझाती उसकू बराबर। बहोत चोचले बढ़ गए उसके।

राणे : तुम्हारी क्या सुनेगा वो? वो भाई की सुनता है।

मोहन : जीजाजी अब जाने भी दो। दिमाग जरा शांत रखो। बेकार में ही इतने जोर-जोर से भाई का नाम लेकर मत चिल्लाओ। बाहर लोग सुनते हैं।

राणे : *(जोश के साथ)* मेरे को डरा रहा है तू? तेरे भाई को इसपे बिठाता हूँ। साले की पूरी जिंदगानी गई है दूसरों की हड़ताल तोड़ने में। डॉक्टर सामंत की हड़ताल भी इसने ही तोड़ी थी। नुक्कड़ की मिल में भी अपने लोग घुसाए। मजदूर बाहर भूख से तड़प-तड़प कर मर गए और अंदर इनके लोग मजे कर रहे थे। भाईगिरी करके साले पगार खाते हैं। लेकिन इनकी दाल हमारे पास नहीं गलेगी। हमारे कामगार उलटी खोपड़ी के हैं। भाई की अतड़ियाँ निकाल कर उसके हाथ पर रख देंगे।

मोहन : *(परेशान सा)* पहले आप गैलरी में चलो जीजाजी। एक तो लगाकर आते हो और फिर बड़बड़ाने लगते हो अनापशनाप।

राणे : *(उसकी कालर पकड़ता है)* ए लगाकर आता हूँ याने? किसी के बाप के पैसे से नहीं पीता मैं। अपने पैसे की पीता हूँ।

मंजू : पहले तुम इधर आओ। उसके मुँह मत लगो।

राणे : लगाकर आता हूँ याने? ये कोई बात करने की भाषा हुई?

गोहन : गलती हो गई, बस?

राणे : जरा मुँह संभाल, तुम्हारे दरवाजे पे खड़ा हूँ इसलिए जो मुँह में आया वही बक रहा है?

माँ : मोअन! आखरी उलटे घड़े पर ही पानी हुआ न। तेरा कोई इलाज नईं। पहले बैठ यहाँ पे। *(मोहन को डाँट कर बिठाती है। मंजू राणे को खींचते हुए गैलरी में ले जाती है। वो वहाँ रखे स्टूल पर बैठता है)*

मंजू : अब बैठो यहाँ शांति से।

राणे : साला ऐसा इंसल्ट? झक मारी और यहाँ आया।

मंजू : पी कर आए हो ये तो सच है न?

राणे : कभी भी अपने मन मुताबिक नहीं किया करूँ? कभी भला मैं पीकर आता हूँ यहाँ? आज थोड़े पैसे थे तो...

मंजू : पत्ते खेलकर मिले होंगे पैसे...

राणे : तू मेरी झड़ती ले रही है?

मंजू : उसी के लिए तो ले जाते हो मेरे पास से पैसे।

राणे : खाने के लिए ले जाता हूँ। साला कभी नहीं वो घर आओ औरत से मिलने के लिए तो उल्टे सवाल शुरू होते हैं यहाँ। और वो इंसल्ट करता है मेरा।

मंजू : तुमको क्या लगता है तुम्हारा ही अपमान होता है? यहाँ उठते-बैठते मुझे सौ बातें सुननी पड़ती हैं।

राणे : क्यों सुनती है तू? पैसे देती है न उनको?

मंजू : पर तुम बैठे हो न घर में छह महीने से। किस मुँह से बोलूँ मैं?

राणे : मजा करने के वास्ते नहीं बैठा मैं। चक्री अनशन कर रहा हूँ मैं। एक सौ तिरासीवां दिन है अनशन का।

मंजू : क्या फायदा?

राणे : दो हफ्ते के अंदर तीन विभाग चालू होते हैं कि नहीं देख। कल बात होगी मैनेजमेंट से।

मंजू : तब तक सुनती रहूँगी मैं बातें।

राणे : *(एकदम उठकर)* चल, अब चल। अपने घर जाएँगे, एक मिनट भी मत रूक इनके दरवाजे पर।

मंजू : चलूँ कहाँ? और क्या है अपने घर में? चार फूटे बर्तन भी है?

राणे : मिल चालू होने पर पिछली नुकसान भरपाई के साथ पैसे मिलेंगे। फिर से

दुनिया बसाएँगे हम।

मंजू : हो गई तुम्हारी मिल चालू!

राणे : नहीं हुई तो जला लूँगा खुद को गेट के सामने, आत्मदहन!

मंजू : और तुम्हारे पीछे मैं जीते जी जलती रहूँगी।

राणे : तो मैं क्या करूँ? इधर आ न।

मंजू : घर में लोग हैं।

राणे : साली क्या हालत है अपनी, दिल में होते हुए भी अपनी ही औरत को करीब नहीं कर सकते हम। धत, ऐसी जिंदगी पर।

मंजू : खाना बन गया है। परोस दूँ? *(जाने लगती है राणे उसका आँचल पकड़ता है। वह रूकती है)*

राणे : रुक जा मंजू, माँ कसम हम अपने घर जाएँगे। उस घर में जहाँ कोई दूसरा आदमी नहीं होगा।

मंजू : छोड़ो, जाने दो मेरे को।

राणे : कब जाएँगे हम मंजू, बोल न मंजू...

(अँधेरा)

दूसरा प्रवेश

(दोपहर का समय। मोहन का ट्रांजिस्टर पर कमेंट्री सुनना जारी है। माँ रसोई घर में काम कर रही है। बाहर बाबा का कवि मित्र सतीश आया हुआ है, पर इस समय बाबा घर पर न होने से बेसब्री से वह उसका इंतजार कर रहा है।)

सतीश : बाबा आएगा न अभी ?

मोहन : ....

सतीश : कहाँ गया है ?

मोहन : *(ट्रांजिस्टर से अलग होते हुए)* धत! अजहर गया। चूतिया की तरह खोल कर दिया था। अब बोलो कि अल्ला मेघ दे पानी...बारिश आएगी तभी बचेंगे साले...

सतीश : बारिश ? अभी ?

मोहन : वो उधर, वेस्टइंडीज में।

सतीश : स्कोर क्या हुआ ?

मोहन : बताने लायक नहीं है।

सतीश : फिर भी...

मोहन : अठ्ठासी पर चार...

सतीश : मुझे लगता है मोंगिया खेलेगा...

मोहन : कोई भी नहीं खेलेगा। सारे के सारे पादू हैं एक नंबर के। हमारा हारना एकदम पक्का है।

सतीश : टीवी ऑन कर ना।

मोहन : च्यॅक! बिगड़ा हुआ है।

सतीश : बाबा कहाँ गया है?

मोहन : क्या मालूम?

सतीश : बता कर नहीं गया?

मोहन : वो कभी जाता है बताकर?

माँ : *(भीतर से चाय का कप लेकर आते हुए)* तू बैठ तो सतीश, वो किधर भाग रहा है? होगा यहीं कहीं। आएँगा इत्ते में।

सतीश : क्या माँ, कैसी हैं आप?

माँ : मुआँ पाँव चैन नहीं लेने देता, दर्द के मारे कुछ नहीं सूझता।

सतीश : कुछ दवापानी...

माँ : भोत दवा दारू किए, पर कोई फायदा नहीं। वो पीछे नाना ने मालिश का तेल दिया था ना, उससे ठीक लग रहा था। पर अब नाना ही नहीं है, तब बताओ तेल कौन लाएगा? और सिरफ पाँव का ही दर्द नहीं है, मन भी ठिकाने पर होता ना। मेरे जान के पीछे कोई न कोई परेशानी रहतीच है। कई बार तो रातभर आँख में जरा सी भी नींद नहीं आती।

सतीश : अब आप छोड़ दीजिए बच्चों की चिंता। सब बड़े हो चुके हैं।

माँ : सिरफ बच्चों की च चिंता रहती है क्या? *(पॉज),* क्यों रे कभी ये मिलें चालू भी होएँगी या नई? तू पेपर में काम करता है न, इस वास्ते पूछती हूँ।

सतीश : मुख्यमंत्री ने कहा है कि एक भी मिल बंद नहीं होने देंगे।

माँ : वो मुएँ लाख बोलेंगे, पर जब करेंगे तबीच सच्ची मानना उनकी बात। मेरे घर वाले मिल वाले थे, उनके टाइम यहाँ से 12-12 डब्बे जाते थे मेरे हाथ से बनाए हुए खाने वालों के। पर अब तीन भी बड़ी मुश्किल से जाते हैं।

सतीश : सारा लफड़ा जगह का है।

माँ : अरे पर आदमी तड़प-तड़प कर मर रहे हैं उसका क्या? लोग क्या जलम

भर अनशन इच करेंगे।

सतीश : कौन कर रहा है अनशन।

माँ : और कौन? हमारे जमाई।

सतीश : अच्छा-अच्छा। पर तुम्हारे हमारे चिंता करने से भला क्या होगा। मिल मालिक अगर चाहे तो ही चलेगी मिल।

माँ : वोई तो! अच्छे आदमी के नसीब में इच भोग लिखे होते बाबा। तू अच्छा है न। तेरी रात पाली होती है या दिन पाली?

सतीश : अरे हम पेपर वालों के लिए क्या रात पाली और क्या दिन पाली। दोनों ही एक जैसी। ड्यूटी हर वक्त चालू ही रहती है।

माँ : मोहन, जरा सतीश के साथ बातचीत तो कर बाबा आने तक...मैं जरा अंदर जाकर काम करती हूँ।

सतीश : रहने दो, वो कमेंट्री सुन रहा है।

माँ : कमेंट्री सुनकर क्या दिए लगाएगा? वो तो अच्छा है कि इसको चाल की टीम में भी कोई नहीं लेता।

मोहन : ए, बेकार की बकबक मत कर! मेरा गेम देखा है तूने।

माँ : तू कभी खेला भी है।

मोहन : अभी बाबा आएगा तो पूछ लेना। छबिलदास की तरफ से हॅरिस-गाईल्स में खेला था। अंजुमन इस्लाम से हुई मैच में फिफ्टी बनाए थे फिफ्टी।

माँ : पर चाल की टीम में नई लेते ना तेरे कू?

मोहन : अरे उनकी टीम में कौन जाता है। साले मैच की बात करते हैं और ऊपर से दस-दस रुपये बॉल के लिए माँगते हैं। यानी इनको एक तो जीतने के लिए स्कोर दो, ऊपर से बॉल के लिए पैसे भी दो, किसने सिखाया ये शानापन!

सतीश : वाकई विचार करने जैसा मुद्दा है।

माँ : वो देख, बाबा आ गया *(भीतर जाती है, बाबा दरवाजे से घर में प्रवेश करता है)*

सतीश : हाय बाबा!

बाबा : साले हफ्ते भर बाद मुँह दिखा रहा है।

सतीश : अरे यहाँ था ही नहीं मैं। पुणे गया था। थोड़ी देर पहले तो सर के साथ लौटा हूँ और आते ही दौड़ते हुए यहाँ पहुँचा तुझे थैंक्स कहने के लिए।

बाबा : थैंक्स किसलिए?

सतीश : 'पहल' में छपे तेरे लेख के लिए।

बाबा : वो अंक आ गया ? कैसा लगा लेख ?

सतीश : फस्क्लास !

बाबा : सच बोल रहा है ? जरा चाय तो बनाओ सतीश आया है।

सतीश : अरे अभी तो ली। यह देख कप।

बाबा : अरे पी रे। साले, नई पीढ़ी को धधकती आग देने वाला कवि है तू। तुझे लेनी ही होगी गरमागरम चाय।

सतीश : और जैसे तू कवि ही नहीं है !

बाबा : मैं भी हूँ रे-पर मेरी कविता अलग है। वह फिलासॉफी के रास्ते से गुजरती है। धीरे-धीरे जिस्म में घुलती है। हमें बीयर चाहिए बीयर। (इस जोक पर दोनों खुलकर हँसते हैं और ताली देते हैं) ए माँ, ला न एक कप चाय।

माँ : *(भीतर से)* चा लाएगा मेरा जूता। थोड़ी बची है वो मैं पीऊँगी। पता नहीं कब ये काम निपटेगा और कब मैं मशीन पे बैठूँगी।

सतीश : भई, अपने को तेरा टाइटिल एकदम क्लास लगा- 'पत्थर और मिट्टी'। लिखना था हिंदी कविता के मुक्तिबोधोत्तर यात्रा पर और शीर्षक 'पत्थर और मिट्टी'। सर भी एकदम चमक गए।

बाबा : *(खुश होते हुए)* क्या कहा उन्होंने ?

सतीश : मुझसे धीरे से कहने लगे, अरे भई, मेरे बारे में धुरी ने कुछ ज्यादा तो नहीं लिख दिया है ?

बाबा : अरे सीधे बता देता कि एकदम हजामत करके रख दी है।

सतीश : 'पत्थर और मिट्टी'।

बाबा : इसमें क्या गलत है ? कबीर, निराला के बाद डायरेक्ट मुक्तिबोध। उसके बाद थोड़े अज्ञेय, थोड़े भारती, थोड़े सर्वेश्वर, थोड़े रघुवीर सहाय। ऐसा करते-करते फिर एकदम धूमिल के 'संसद से सड़क तक' पर छलांग। बस खत्म हुआ सब। अरे भई, 'पत्थर और मिट्टी' के सिवा धरा ही क्या है हिंदी कविता में ?

सतीश : नरेश मेहता नहीं हैं।

बाबा : सारी उल्लू बनाने वाली कविताएँ हैं ! इन्हें कहते हैं गूढ़ स्वच्छंदतावाद। खोखला रोमांटिसिज्म।

सतीश : कैलाश वाजपेयी ?

बाबा : अरे अज्ञेय का एक्सटेंशन है वो। हाँ उनका कविता संग्रह मैंने पढ़ा नहीं है पर उससे कुछ फर्क नहीं पड़ता। है तो वह अज्ञेय का एक्सटेंशन ही।

सतीश : बहुत बोल्ड स्टेटमेंट है ये।

बाबा : हाँ, स्टेटमेंट बोल्ड ही होना चाहिए। एकदम बिंधास! तूफान की तरह। इसके बिना कोई ध्यान नहीं देता अपने लेखन पर। बिना इसके हम बतौर आलोचक प्रस्थापित ही नहीं हो सकते।

सतीश : यानी तू प्रस्थापित होने के सपने देख रहा है।

बाबा : सभी देखते हैं। प्रस्थापितों में रहकर भी अलग लिखने की कला आनी चाहिए, यह महत्त्वपूर्ण है।

सतीश : 'बागी' इस संकल्पना के बारे में तुझे क्या लगता है।

बाबा : *(खूब चिंतन के बाद बोलने की मुद्रा में)* बगावत करना आना चाहिए। मैं आलोचना में बगावत करूँगा। आजकल कविता में बगावत के लिए भला जगह ही कहाँ बची है।

सतीश : ऐसे कैसे कह रहे हो? मेरे बारे में अपने लेख में तूने अच्छा ही लिखा है।

बाबा : पर इसका मतलब यह नहीं होता कि तू बागी है।

सतीश : राजेश जोशी पिछले दिनों मुंबई आए थे। कह रहे थे कि उदीयमान पीढ़ी का मैं बागी कवि हूँ।

बाबा : इन दिनों किसी को भी बागी कह देते हैं। बागी और धधकते कवि में फर्क है। कई लोगों को ये बात समझ में नहीं आती है। तुझमें वो स्पार्क है। उसे जतन से रख। तू भी कुँवर नारायण और सुदर्शन के पीछे-पीछे जायेगा तो लकीर को पीटने वाली कविता ही लिखेगा।

सतीश : अरे हाँ, कहते हैं वो सुदर्शन बहुत आग हो रहा था।

बाबा : हू केअर्स?

सतीश : तूने तो उसको सीधे नंगा कर दिया। *(बाबा खुन्नस भरी हँसी हँसता है)*

सतीश : यार ये एकदम टू मच हो गया!

बाबा : काहे का टू मच? मैं तो और धुनकने वाला था, पर सोचा जाने दो। इतनी ठोंक दी वही काफी है। मैंने जब लेख लिखना तय किया तभी यह तय कर लिया था। अरे, ओरिजनलिटी नाम की कोई चीज है या नहीं? सर्वेश्वर और सुदर्शन की कविताएँ आमने-सामने रख दी और कह दिया कि देख लीजिए कि कौन किसकी कॉपी कर रहा है।

सतीश : वह कह रहा था कि मैं इसका जवाब दूँगा।

बाबा : देने दे जवाब, अरे शुरुआत भी तो उसी ने की थी। दो महीने पहले की बात है। 'ग्रंथ सागर' से बाहर निकल रहा था तभी सीढ़ियों पर वह मिल गया और बिना किसी कारण के मेरी कविता पर टिप्पणी करने लगा। कह

रहा था स्टेटमेंट करने वाली कविता, कविता नहीं होती और ऐसी कविता करने वाले कवि डेड होते हैं। मैं तो सनक गया। अरे मेरी वह शैली है। उस शैली का तू सबके सामने मजाक उड़ा रहा है? उस पर व्यंग्य कस रहा है और वह भी ग्रंथ सागर लाइब्रेरी के सामने? हाऊ डेयर यू? मुझे दो कौड़ी का समीक्षक कहता है? *(उठते हुए)* तेरी कविता की औकात मालूम है तुझे? साले मुझे नेकेड करने की कोशिश कर रहा है?

(सतीश भौचक रह जाता है। भीतर के कमरे से माँ झाँकती है। मोहन भी 'इसे अचानक क्या हुआ' वाली नजर से देखने लगता है। यह सब ध्यान में आकर सतीश शरमाता है)

सतीश : ऐसा कहा तूने उससे?

(सभी अपने-अपने कामों में पूर्ववत व्यस्त हो जाते हैं)

बाबा : तो, क्या मैं डरता हूँ? अब जब उसकी चमड़ी उधेड़ूँगा तब जमीन पर आएगा वो।

सतीश : वो क्या आएगा? कह रहा था तेरे दोस्त से कह दे कि मैंने उसकी चुनौती स्वीकार की है।

बाबा : ऐसा कहा उसने?

सतीश : वह बड़ी तैयारी कर रहा है।

बाबा : घंटे की तैयारी कर रहा है!

('घंटा' शब्द पर सतीश चमक कर इधर-उधर देखता है) तुझे उसने कहा है न कि अपने दोस्त को बता देना, तो एक बात सुन ले। तू उससे अपनी दोस्ती खत्म कर ले।

माँ : *(बाहर आते हुए)* अरे किसको दोस्ती खतम करने को बोल रहा है?

बाबा : आप अपना काम कीजिए, आपके समझ से परे का विषय है यह।

सतीश : अरे, ऐसा क्या कह...कुछ नहीं माँ, हम दोनों का ऐसा ही चलता रहता है।

माँ : चलने देव। लेकिन उसकू बता कि थोड़े धीरे बोला कर। नईं तो पड़ोसी लोगों कू लगेगा कि इनके घर में झगड़ा हो रहा है। लोगों कू इतना बहाना भोत होता है बोलने के लिए। *(मोहन की मुट्ठी में पैसे रखते हुए)* मोहन, बाबूजी के पास जाकर लाल धागे का बड़ा रील ले के आ तुरंत, मशीन पर बैठूँगी मैं।

मोहन : अरे क्या बॉलिंग कर रहा है वॉल्श!

माँ : *(परेशान होकर)* अरे बाबा मेरे सारेच काम हो गए और तू...

मोहन : *(झल्लाकर)* कहा न कि जा रहा हूँ। बस ये एक ओवर खत्म होने दे।

माँ : शाम को वो पावसकरीन आएँगी, ब्लाउज हो गया क्या, पूछने। भोत झगड़ालू है वो। एक बार उसका मूँ खुला न तो बस फिर मत पूछो।

(मोहन उँगली से उसे भीतर जाने का इशारा करता है। वह झुँझलाते हुए जाती है। मोहन के ट्रांजिस्टर का आवाज बढ़ता है)

बाबा : *(डिस्टर्ब)* ओ भाई साब, जरा आवाज कम कीजिए। हम यहाँ अत्यंत महत्त्वपूर्ण विषय पर चर्चा कर रहे हैं।

मोहन : मेरे लिए मैच भी बहुत महत्त्वपूर्ण है।

बाबा : *(सतीश से)* क्रिकेट जैसा फालतू खेल नहीं है दुनिया में। वक्त की बरबादी है ये। यह सब एकदम क्रिमिनल है क्रिमिनल!

सतीश : आई डू एग्री! पर मोहन ऐसा नहीं समझता है न, है न मोहन?

मोहन : आं? क्या?

सतीश : यह कह रहा है कि क्रिकेट एक वक्त को बरबाद करने वाला खेल है, तुम क्या सोचते हो?

मोहन : मैं? कुछ नहीं।

सतीश : अरे ऐसे कैसे?

बाबा : जाने दे रे। वह कभी भी कुछ नहीं सोचता। कोई भी बात आर्ग्यू करना जानता ही नहीं वह।

सतीश : पर उसका पक्ष भी हमें समझना चाहिए। कमॉन मोहन, तुम क्या सोचते हो?

मोहन : *(शांति से उठकर बैठता है, पर भीतर से झल्लाया हुआ है)* सोचता हूँ, मुझे लगता है कि क्रिकेट टाइमपास करने के लिए एक बढ़िया साधन है।

बाबा : समय का अपव्यय है अपव्यय! क्या क्रिएटिव कर रहे हैं आप क्रिकेट में?

मोहन : मेरे को जो लगता है वो मैंने बताया। कॉलेज में जब क्रिकेट खेलता था, तब लगता था कि मैं रणजी में भी खेलूँगा, पर नहीं हो पाया। कार्लसन की तरफ से टाइम्स ट्रॉफी के एफ ग्रुप में खेला था मैं। क्रिटिकल कंडीशन में भी 32 बनाए थे, तब भी वही लगा था। पर तीसरे साल मेरे को ही बाहर निकाल दिया गया। पर कोई बात नहीं, गेम तो समझ में आया न!

बाबा : उससे क्या मिला?

मोहन : मिला ये कि मैच बोर नहीं होता। स्कोर हो रहा हो तो रन्स गिनो और

स्कोर नहीं हो रहा हो तो और भी मजा है। ओपनिंग को मोंगिया के साथ सिद्धू को न भेजते हुए उसे वन डाउन क्यों भेजा, इस बात का विचार सचिन के दिमाग से करना चाहिए। ये अनुमान लगाना चाहिए कि अगर दो विकेट तुरत-फुरत निकल जाय तो क्या होगा। जाडेजा फॉर्म में है। ये देखते हुए द्रविड़ को शांत रहने की सलाह दी जाय। ये उस समय खुद को सचिन का दिमाग बनाना पड़ता है...एलबी देने पर मन ही मन अंपायर से हुज्जत करते हैं हम...इस बैट्समैन का स्टान्स कैसा होगा? अजहर के लिए वॉल्श डीप मिडविकेट क्यों नहीं लगाता? रनअप लेते वक्त बेंजामिन कैसा किचकिचाता होगा? मैच देखने में कोई मजा नहीं होता, मजा होता है कल्पना करते हुए आँखों के सामने मैच साकार करना। ड्रिंक्स, लंच, टी-टाइम कैसे फटाफट निकल जाते हैं। क्रिकेट ये टाइमपास करने का एकदम झक्कास साधन है।

(सब कुछ कह चुके वाली अदा में मोहन शांति से लेट जाता है और सीने पर ट्रांजिस्टर रखकर फिर सुनने लगता है। तभी माँ बाहर आकर जानना चाहती है कि मोहन बाहर गया या नहीं और उसे वहाँ लेटा हुआ देखकर झल्लाने लगती है।)

माँ : तू अभी तक यहाँ पसरा हुआ है। पैले उठ, नईं तो पकड़ कर उठा दूँगी तेरे को।

मोहन : हाँ बाबा हाँ, लाता हूँ।

माँ : लाता हूँ, लाता हूँ कहते हुए अक्खा दिन चला जाएँगा। तुम ऐसेइच टाँग फैलाकर पड़े रहो। काम मैं करती हूँ, लोगों की बात भी मैइच सुनती हूँ।

(माँ की बातों से बाबा परेशान है और सतीश असहज हो गया है। मोहन धीरे से उठता है मुट्ठी में रखे पैसे देखता है और पाँव में चप्पल पहनकर बाहर जाने लगता है।)

मोहन : सुन ले, धागे का रंग मैच नहीं हुआ तो वापस बदलकर नहीं लाऊँगा, हाँ। *(जाता है)*

माँ : *(सतीश से)* देखा, एक-एक के सामने कैसे सर फोड़ना पड़ता है। छोटे हैं ये? इनकी जित्ती उमर वालों की शादी होकर घर-बार भी बस गया, पर इनका बचपना जाता ई नईं।

बाबा : हो गई तेरी बात?

माँ : मेरी बात कब खतम होगी? तेरा चलने दे। *(झुँझलाते हुए भीतर जाती है)*

सतीश : काहे को चिड़चिड़ाता है उन पर ?

बाबा : तू मुझसे मिलने आया है या ऐसी आगंतुक सलाह देने ?

सतीश : अरे पर उन्हें भी समझ लेना चाहिए। घर का सब कुछ उन्हें ही करना पड़ता है।

बाबा : तो और कौन करेगा ?

सतीश : तू शादी कर ले।

बाबा : अगर चर्चा के अपने सारे विषय खत्म हुए हों तो अब हम चुप हो जाते हैं।

सतीश : अरे मैं सीरियसली कह रहा हूँ।

बाबा : मैं भी सीरियसली ही कह रहा हूँ।

सतीश : ओ.के.।

बाबा : *(स्वर को थोड़ा नीचे लाते हुए)* यह देख बेसिकली आई एम अ क्रिएटर। और मैं मानता हूँ कि किसी भी सृजनशील कलाकार के लिए जरूरी है कि वो अपने आपको किसी बंधन में न बाँधे। और कलाकार ही क्यों, आम आदमी ने भी किसी बंधन में नहीं बँधना चाहिए। आदमी ने अकेला रहना चाहिए। नहीं, सच तो यह है कि वो अकेला ही है। स्वतंत्र !

सतीश : वह कैसे ? अरे भई, हमें माँ-बाप, भाई-बहन होते हैं। उनकी हमसे कुछ अपेक्षाएँ होती हैं, हमारी उनसे कुछ होती हैं। तब भला हम स्वतंत्र कैसे हुए ? ये रिश्ते हम नहीं बनाते। जन्म से ही हमसे चिपक जाते हैं, ये रिश्ते-नाते। हम हमेशा एक-दूजे में उलझे हुए ही रहते हैं।

बाबा : गलत, हम स्वतंत्र ही होते हैं। बस सिर्फ हमें लगता है कि हम उलझे हुए हैं। बस यह लगने-लगने में ही सारी जिंदगी बीत जाती है। फिर झुँझलाने लगता है आदमी खुद पर ही। मुझे यह सब यहाँ रहकर समझ गया है। यहाँ, इस घर में। इसके लिए 35 साल बिताने पड़े मुझे। हम अगर बड़बड़ा रहे हैं तब भी उसके पीछे कुछ विचार होता है, पर किसी को क्या उससे। तेरी और मेरी यही ट्रेजेडी है। किसी के हाथ को छठी उँगली होती है ना, हम वैसे ही हैं।

सतीश : ग्रेट ! मुझे लगता है तू अपने उपन्यास के बारे में बोलने लगा है।

बाबा : यह अचानक उपन्यास पर कैसे आ गया ?

सतीश : मैं कहाँ, तू ही तो आया। पिछले चार साल से लिख रहा है...

बाबा : काहे का लिख रहा हूँ। सिर्फ दिमाग में है। पर तुझे अचानक कैसे याद

आ गया।

सतीश : मुझे नहीं, शैला परलकर को याद आया था। प्रोफेसर शैला परलकर।

बाबा : कहाँ मिली वह तुझे?

सतीश : अरे अभी दो दिन पहले 'सत्कार' में बैठे थे हम। वह भी वहाँ आई थी।

बाबा : क्या कह रही थी?

सतीश : तेरे बारे में पूछ रही थी। कह रही थी धुरी क्या लिख रहा है? उसका उपन्यास पूरा हुआ या नहीं? उससे कहना, 'पहल' में उसे पढ़ती हूँ। कहाँ मिलेगा वह? तेरा पता माँग रही थी।

बाबा : दिया नहीं ना?

सतीश : दिया।

बाबा : तू भी...च... *(पॉज)*। लड़की अच्छी है रे पर जिद्दी है। एक्जिस्टंशियलिज्म पर बड़े जोश के साथ बहस करती थी। बीच के दिनों में काफी मिलते थे हम, उसने मुझे मिलान कुंदेरा पढ़ने के लिए दिया था। अच्छा है, पर मन को नहीं छू सका। मेरे भीतर जो सार्त्र बैठा हुआ है, वह नहीं निकलता। सार्त्र के आगे सारी दुनिया झूठ है? उसने बहुत ट्राई किया, बट नो। मैंने कहा, मैंने क्या पढ़ना चाहिए, क्या नहीं पढ़ना चाहिए, कैसे जीना चाहिए, कैसे नहीं जीना चाहिए, यह तय करने की स्वतंत्रता मुझे है। किसी भी बात को नकारने की मुझे स्वतंत्रता है। तब वो बोली, तेरी बात सही है, पिछले साहित्य सम्मेलन में हुई थी यह चर्चा। आखिरी दिन खूब ढूँढ़ा उसे पर नहीं मिली। आज तक नहीं मिली। तुझे मिले तो बताना...

सतीश : क्या बोलूँ?

बाबा : कुछ नहीं। इतना ही कहना कि बाबा लिख रहा है।

(मंजू का प्रवेश। उसने अच्छे कपड़े पहने हैं। शायद कंपनी से लौटी है। पर्स में से टिफिन झाँक रहा है। चप्पल उतारकर भीतर जाने लगती है।)

सतीश : अरे वाह! मंजू...आज तो बड़ा अच्छा संयोग बन पड़ा है मुलाकात का! अरे क्या तबीयत ठीक नहीं है? *(वह भीतर जाती है)* क्या हुआ रे उसे? थकी-थकी सी लग रही है।

बाबा : हू नोज? उसका वो देखेगी। किसको क्या लगता है ये देखने जितना समय नहीं है मेरे पास।

माँ : *(भीतर)* मंजू, आज इत्ती जल्दी?

मंजू : अच्छा नहीं लग रहा है। आधा दिन काम करके आ रही हूँ।

माँ : इस मैने में तीसरी बार आई तू आधा दिन करके।

मंजू : अरे, तबीयत ठीक नईं तो मैं क्या करूँ? सर जैसे जकड़ रहा है। ये देख, डब्बा भी नहीं खाया। वैसाइच वापस लेकर आई। आज कंपनी में सेठ के साथ झगड़ रही थीं औरतें।

माँ : काहे के वास्ते?

मंजू : दो मैने हो गए। हम पगार बढ़ा कर माँग रहे हैं पर सेठ देता-देता बोलता पर देता नईं। आज बोलने लगा प्रोडक्शन जादा निकालो।

माँ : तू भी गई थी क्या झगड़ने के वास्ते।

मंजू : मै काहे को जाऊँ झगड़ने? उनके ही चीखने चिल्लाने से सर फटने लगा!

माँ : नई, मेरे कू लगा कि अपने मरद के जैसी तू बी लीडर बनती कि क्या?

मंजू : अच्छा हो गया और कुछ नई बोली तू! अब थोड़ा आराम करने दे मेरे कू।

बाबा : *(बाहर)* मुझे लगता है यहाँ बैठकर ढंग से बात करने का मौका तक मिलना कठिन है।

सतीश : उस दिन अपना वह विषय अधूरा रह गया था। तुझे याद है, चंदू कह रहा था आर्ट फॉर एन आर्ट सेक यही सच है।

बाबा : मूलत: यह विवाद का विषय ही नहीं है। निराला और पंत जिंदगी भर एक दूसरे के खिलाफ लड़ते रहे। तूने ऐरिस्टॉटल पढ़ा है? वह कहता है जीवन के लिए कला, पर उसमें से भी फाइन आर्ट्स को अलग करता है।

सतीश : फाइन आर्ट्स यानी?

बाबा : संगीत, चित्रकला आदि। पर मुझे पटता नहीं ये। उसमें भी कांट्राडिक्शंस हैं।

सतीश : एरिस्टॉटल में?

बाबा : मुझे 'कांट' पटता है।

सतीश : वह क्या कहता है?

बाबा : वह काफी कुछ कहता है—इस तरह थोड़े में नहीं बताया जा सकता। उसके लिए अलग से बैठना पड़ेगा।

(भीतर से माँ की बड़बड़ाहट, बर्तनों की आवाज। बाबा परेशान हो रहा है)

बाबा : चल हम बाहर चलते हैं।

सतीश : बाहर कहाँ?

बाबा : हमें सीरियसली चर्चा करनी है न?

सतीश : हाँ, पर बाहर कहाँ बैठेंगे ?

बाबा : 'दुर्गा प्रसाद' में बैठेंगे। एक-एक बीयर लेंगे।

सतीश : बीयर ? (जेब टटोलता है)

बाबा : पैसे नहीं हैं क्या ?

सतीश : नहीं, वैसे है रे !

बाबा : तो फिर चल न। इस समय भीड़ भी नहीं होगी। वहाँ बैठकर मैं तुझे कांट की थ्योरी समझाता हूँ।

सतीश : तो फिर चल...

बाबा : मालूम है कांट क्या कहता है ?...कि कला यह...*(बड़बड़ाते हुए दोनों बाहर जाते हैं)*

मंजू : *(बाहर आते हुए)* गए ? अच्छा हुआ। यहीं लेटती हूँ *(चटाई बिछाती है और लेटती है)*।

माँ : *(पीछे-पीछे आते हुए)* अब यहाँ कायकू फैल रही है ? वो मोहन आएँगा और लगाएँगा कमेंटरी। उससे अच्छा है कि अगर सर ठंडा हुआ होंगा तो दो कपड़ों को जरा बटन लगा दे।

मंजू : कामइच करना होता तो कंपनी में नई करती ?

(मोहन आता है दरवाजे से ही धागे का रील माँ की ओर फेंकता है)

मोहन : ले। (मंजू की ओर ध्यान जाते ही रुकता है) ये यहाँ क्यूं पड़ी है ?

माँ : हाप डे करके आई है वो कंपनी से।

मोहन : चित्रा तो बोल रही थी कि आज आई ही नहीं ये कंपनी में।

मंजू : तेरे को कहाँ मिली चित्रा ?

मोहन : चौराहे पे। मैंने पूछा कि आज कंपनी में नहीं गई तो बोली हाप डे करके घर जा रही हूँ।

माँ : उसका भी हाप डे ?

मोहन : उसके घर उसके बहन को देखने के ल़िए आने वाले हैं। पर इसको क्या हो गया ?

मंजू : मेरी तबीयत ठीक नई।

मोहन : माँ, ये बंडल मार रही है।

माँ : मंजू...

मंजू : चित्रा झूठ बोलती है। वोईच नई थी आज काम पर।

माँ : मैं पैचानती हूँ। झूठ बोलने वालों में नई है वो।

मंजू : तो फिर मैं झूठ बोल रईं हूँ।

मोहन : पिछले सोमवार को विट्ठल ने तेरे को दादर में देखा, दोपहर में। बस में से उतरते हुए।

मंजू : मेरा सर दुख रहा है।

मोहन : नाटक मत कर। बता पिछले सोमवार को दादर में क्यों भटक रही थी।

मंजू : *(गुस्से में उठती है। गैलरी की ओर जाती है)* तुम सब क्यूं मेरे पीछे कुत्ते के जैसे पड़े रहते हो?

मोहन : *(पीछे से आते हुए)* पहले मेरे सवाल का जवाब दे।

माँ : *(तेजी से गैलरी में आती है। मोहन से...)* तू अंदर जा पयले, उससे मैं बोलती हूँ।

मोहन : जरा खरी-खरी सुना उसको। सर वर दुखना सब बंडल है। *(माँ आँखें तरेरती है। वह चुपचाप बाहर के कमरे में जाता है)*

माँ : सच्ची बोल कहाँ गई थी?

मंजू : कंपनी में, च्...गई थी मसान में!

माँ : फिर हाप डे करकेच क्यूं आई मसान में से? आखिर तूने क्या सोच के रखा है? या फिर एक बार...

मंजू : क्या फिर एक बार? अपने मरद के साथ बाहर गई तो दुनिया उलटी पलटी नहीं हो जाती। *(हाथों से चेहरा ढँक कर रोने लगती है)*

माँ : अपने मरद के साथ? कहाँ मिले थे राणे तेरे कू? घर नई आना और बाहर अपनी औरत से मिलना, ये कोई ढंग हुआ?

मंजू : आठ-आठ दिन घर नई आते और आए भी तो हवा की तरह यहाँ ठहरते भी नई। मालूम है न तेरे कू। तब मेरे कू अगर उनसे मिलना है तो मैं कहाँ मिलू उनकू, मिल के गेट पर?

माँ : यहाँ पे बैठ के गैलरी में बात किया करो? कोई नहीं आएगा बीच में नाक घुसेड़ने।

मंजू : फिर वोइच बात।

माँ : तेरे में इत्ता भी सबर नई है।

मंजू : आज उन्होनेइच कहा कि बाहर जाएँगे।

माँ : क्या आधे दिन तक बोलते ही बैठे थे?

मंजू : सिरफ बात इच करने का रहेता क्या? तू माँ नईं है मेरी। इससे तो सास अच्छी। अपनी बेटी का दिल कभी समझा है तूने। जब देखो तब ताने मारती रहती है।

माँ : अरे, औरत की जात है अपनी। पानी पर लकड़ी मारो तो पानी नई फटता,

पर काँच पर लकड़ी मारो तो सौ टुकड़े हो जाते हैं इसके वास्ते सँभाल के रखना पड़ता है काँच को। एक बार टुकड़े हो गए वो काफी है।

मंजू : अब बस हो गया, अब मैं यहाँ से चली जाती हूँ। इनकी मिल चालू हो या न हो। उनके साथ निकल जाऊँगी यहाँ से। बस अब मैं अपनी बैग भरती हूँ। *(पीछे पलटी हुए मंजू को माँ बाँहों में पकड़ लेती है)*

माँ : रुक जा, कहाँ जा रही है?

मंजू : जाने दे मेरे कू, है मेरा घर वहाँ।

माँ : नारलेवाडी में। वो घर अब तक खा गए होंगे दूसरे लोग।

मंजू : बेचा नई है। भीख माँगेंगे पर बेचेंगे नई। वो एकइच आसरा है हमारा।

माँ : रुक, ऐसे चिढ़ मत। मेरी कसम है तेरे कू। बैठ यहाँ पर।

मंजू : क्यों नई जाने देती मेरे कू। रहने भी नई देती और जाने भी नई देती। एक बार कभी कुछ हो गया मेरे से उसको बार-बार सुनाएगी। जैसा कोई बड़ा पाप कर दिया मैंने।

माँ : देख अब फिर तू वोइच बात निकाल रही है।

मंजू : तुमने मुझे क्यूं बच्चा गिराने को बोला। मैं रहती बच्चे को ले के किसी कोने में सुख से। नहीं जाती मैं किसी के पीछे घसीटते। मेरे सारे सपनों को बोटी-बोटी कर दी तुमने। *(धड़ाम से गिरती है और रोने लगती है)*

माँ : लोग गोबर डालते तब मूँ में।

मंजू : कौन लोग? हम पर जब भूखे रहने की बारी आई तब मूँ में दो निवाले डालने आये थे ये लोग? अण्णा जब बीमार थे तब आखिरी वक्त पूछने भी आये थे ये लोग? जो तुम्हारे कोई नहीं है उनके बारे मेंच तुम सोचते रहे। जिनका कलेजा तुम्हारे लिए फटता रहा उनको तुम तोड़ते रहे। वाट लगा दी तुमने मेरी। मेरको तूने फँसाया। हाँ, हाँ तूने फँसाया...

माँ : वो तीन बच्चों का बाप क्या तेरे से शादी करता?

मंजू : शादी के बिना रहती मैं उसके साथ।

माँ : बनिये के बेटे रखैल बनकर?

मंजू : इससे ज्यादा तो बुरा नई होता ना वो? सिरफ इज्जत से नहीं जी सकता आदमी, जीने के लिए पैसा लगता है।

माँ : तेरे से ही अक्कल सीखना बाकी रह गया था। सही बोलती बाई तू। टाइम पड़ा तो बर्तन बेचे, गहने तोड़े, दिल तो हमेशा तोड़ती रही मैं पर घर की इज्जत कबी नई तोड़ी मैंने। इनको खानदान का कित्ता घमंड था। इस वास्ते तो उनके दिल को इत्ता धक्का लगा तेरे उस...च्....गलती हो गई।

अब नईं निकालूँगी मैं ये बात। *(उसके बाल खोल कर उसकी चोटी गूँथने लगती है)* बस, तेरा सब अच्छा हो जाये, तब जाना...अरे तेरे सिवा कौन है मेरा बेटा...कित्ते उलझ गए रे तेरे बाल!

मंजू : स्टेप कट किया है।

माँ : वोईच। काट-काट के अच्छे भले बालों की वाट लगा दी तूने। (उसके गले की ओर देखती है) क्यूँ रे खरे सोने की माला है ये?

मंजू : तेरे कू खोटी लगती है।

माँ : कब बनाई और कहाँ से लाये पैसे?

मंजू : डाका डाला मैंने।

माँ : लेकिन लाई कहाँ से?

मंजू : चार दिन हो गए, तेरी अभी नजर पड़ी?

माँ : बताया नहीं मेरे कू तूने? कौन से सावकार ने दिया इत्ता तो बता।

मंजू : अपनेच पैसे से खरीदी।

माँ : पिछले मईने में चार ग्राम के रिंग बनाये थे। लाती कहाँ से बाई इत्ते सारे पैसे?

मंजू : पगार में से बचाती मैं। हराम के नहीं लाती। एकेक गहना बना के सँभाल के रखती हूँ। कल बुरा टाइम आएँगा तो येईच काम आएँगे।

माँ : है, माँ कीच बेटी है तू। मेरे साढ़े तीन तोले के गहने इनकी बीमारी में काम आये। सब चले गए। ये बड़े-बड़े कंगन थे...

(पॉज)

मंजू : नाना की चिट्ठी आई?

माँ : ये अचानक नाना की याद कैसे आई तेरेकू?

मंजू : खूब याद आती है। जब वो घर में होते थे तो कोई फिकर ही नई होती थी। तब रोज सबेरे ग्लूकोज बिस्किट का पाकिट लाते थे वो मेरे वास्ते। फिर हम लोग लड़ते थे बिस्किट के बँटवारे को लेकर। जब अण्णा ने मेरे कू पीटा था तब यहीं पर मेरे को थपकते बैठे थे वो।

माँ : हो गए अब वो भी बुड्ढे। जब तक दिखता था उनकू तब तक बराबर चिट्ठी भेजते रयते थे। अब आँख में मोतीबिंदू पड़ा तब से दूसरा कोई लिखे तोईच भेजते है वो चिट्ठी। मेरी भी आँख अब ठीक नई रहेती। धुँधला-धुँधला दिखता सब।

मंजू : तेरे कू जूना सब बराबर याद आता कि वो भी धुँधला-धुँधला होने लगा है...

माँ : *(हँसती है)* नईं रे नईं, सब अच्छे से याद आता है। उल्टे नजर कमजोर हो जाती तब याद बड़ी हो जाती।

मंजू : अण्णा बार-बार झगड़ते थे नाना से। ऐसी कौन सी दुश्मनी थी दोनों में?

माँ : दुश्मनी? सगे भाई से ज्यादा प्यार था इनका नाना पर, लेकिन स्वभाव बोले तो एकदम दुर्वासा! मेरे पे बी खूब भड़कते थे।

मंजू : आखरी-आखरी टाइम तो दौड़ पड़ते थे सब पर।...*(पॉज)* अण्णा जाने के बाद तेरे कू एकदम राहत मिली होंगी न? हलका-हलका लगता होगा, सच्ची बोल।

माँ : *(नकारते हुए गर्दन हिलाती है)* चिल्लाते थे...पुकारते थे...करवट बदलते रहते थे...बोलते मूँ पोंछ...गोली दे...पिशाब का बर्तन दे...पैजामा बदल दे...इन सारी बातों की आदत हो गई थी मेरे कू। ये सब करते करते बच्चों की चिंता की बात बी सर में नई आती थी। उससे ज्यादा तो तुम लड़कों ने हैरान करके रखा है। उनका सब कुछ करने में मन लगा रहता था। वो गए और...हलकी क्या होती और भारी हो गई मैं *(आँख का पानी पोंछती है)* अरे पांडुरंगा, हे ईश्वर...

मंजू : *(विषय बदलते हुए)* मैं लेकर जाऊँगी तेरे कू बच्चू भाई के हास्पिटल में। वहाँ मोतीबिंदू का अच्छा आपरेशन करते।

माँ : नरू ले जाने वाला है।

मंजू : हाँ, उसका रास्ता देखती रह तू। उसकी भाईगिरी खतम होंगी तब तो ले जाएँगा न वो। तेरे तीन-तीन बेटे हैं पर एक बी काम का नई। उससे तो अच्छा कि उनकी शादी कर दे और सब की बहुओं को ला घर में। वो कुछ मदद तो करेंगी। बहू को डाक्टर के तरफ ले जाने को बोलेगी तो ले जाएगी हाथ पकड़ कर।

माँ : पर ये तो बता मेरी माँ कि किस मूँ से दूसरों की बेटियों को माँगने जाऊँ। अरे ये अपना ई नई कर पाते, गरीबी में और गील्ला आटा। और ये किसी छोकरी का हात पकड़ के उसकू घर में बी नईं ला सकते।

मंजू : छोटे वाले की कर दे शादी।

माँ : उसके सामने मूँ खोलने की बी हिम्मत है मेरी?

मंजू : मत खोल तू मूँ। वोइच अपना इंतजाम करता कि नई देख।

माँ : ये मत बोल। मैं अच्छे से जानती उसकू। दूसरे के मूँ पे चार झापड़ मारेगा ताड़-ताड़, पर लड़की की बात चली ना तो जबान एकदम बंद हो जाएगी उसकी। लड़की का नाम लेते ही मस्तक में आग उठती है उसके *(बाहर*

सीटी बजने की आवाज। माँ ध्यान से सुनती है) ले नाम लिया नईं कि आ गया वो। अब उठाएगा सारा घर सर पे। *(सीटी बजाते हुए नरू का प्रवेश सफेद शर्ट, सफेद पैंट, हाथ में लिपटा हुआ रूमाल और नजर में रुआब)।*

नरू : *(मोहन से)* ए, माँ किदर है? *(मोहन गैलरी की तरफ उँगली दिखाता है। नरू गैलरी में आता है)* ए, इधर क्या कर रही है? घर का काम-धंधा निपट गया क्या?

माँ : मैं मेरी लड़की से बात कर रही हूँ, तेरा क्या जाता है?

नरू : चल, कुछ खाने को होएँगा तो दे?

माँ : आज नईं भेजी मुर्गी?

मोहन : पपी का धंदा आज बंद होगा। एकादशी है ना।

माँ : सोचती थी कि कल पूछूंगी पर बोलते-बोलते खिसक गया, उस अंडे वाले उस्मान के पीछे इत्ता क्यूँ पड़ा है? उस दिन नाके पे क्या गड़बड़ हो गई थी?

नरू : दत्तू ने उस्मान को थप्पड़ मारा इसके वास्ते पुलिस लेके गई है दत्तू को।

माँ : और तूने इदर उस्मान कू मारा?

नरू : तो, मैं क्या छोड़ने वाला हूँ, कम्पलेन करता है भोसड़ीवाला।

माँ : तो क्या तुम लोग गरीब के पीछे पड़ोगे? पिछले दंगे में उसके धंदे का खोका जलाया था। तबी का भागा अबी आया वो बाल-बच्चों को लेके, तो वापिस...

नरू : तू चुप बैठ। गांड में बारा मन चर्बी भरी है उसके। उस्मान और उसका बाप कुछ कम उँगली नहीं करते।

माँ : क्या तेरे छाती पे बैठेते वो! मरने दे उनको उदर। तू पुलिस का लफड़ा अपने पीछे मत लगा के ले।

नरू : कुछ हो गया तो भाई है ना देखने को। ए मेरी माँ, कुछ दे ना खाने को, बहुत कड़की लगी है नहीं तो बाहेरीच खा लेता।

माँ : कौन से टैम को आया रे? खाना खाके, बर्तन माँज के हो गए। अबीच रातपाली वालों के डब्बे बी चले गए।

नरू : उसके माँ की, इस घर में कभी भी आओ तो कुछ नहीं मिलता खाने कू। हमेशा यहाँ नहीं नहींच है। फिर पैसे ही दे, यहीं से कल्टी मारता हूँ।

माँ : अबी मेरेकोइच गिरवी रखके पैसे ले ले।

नरू : क्यूँ? मैं देता वो ऐसे ही उड़ा देते हो?

माँ : ऐसे कित्ते देता रे तू ?

नरू : टाइम टाइम पे देता हूँ। अभी पिछले गुरुवार को ही दो सौ दिए थे।

माँ : बहुत बड़ी जागीर ही दी थी ना ? महँगाई ने जीना मुश्किल कर दिया है। उस पर तेरी मुर्ग्यां पकाओ, उसके लिए बीस बीस रुपये का मसाला लाओ। अरे देता है याने क्या ? उससे डबल माँग लेता है। सेठ का माल घासलेट।

नरू : देता हूँ इसलिए माँगता हूँ। ये फोकट में खाने वाले भेनचोद उत्ता तो भी देते क्या ?

(मोहन ट्रांजिस्टर शुरू करता है। कमेंट्री सुनने में मशगूल होने का नाटक करता है)

माँ : भौत बोला। इदर आ। मंजू डबा वैसेइच लाई है न वापस। वो खा ले।

(अंदर के कमरे में जाती है)

नरू : उसका कुछ भी मत देना मेरेको। जूठन खाने वालों की जूठन अपुन नई खाते।

मंजू : *(गैलरी में से झटके के साथ बाहर आती है)* ए जरा जबान सँभाल के बात कर। ये तेरी जो भाषा है न, वो बाहर सड़क पर सुना दूसरे लोगों कू।

नरू : ए चल फूट। मेरे बीच में नहीं पड़ने का।

माँ : *(भीतर से)* नरू, इधर आ।

मंजू : आएँगा, आएँगा। तेरा लाड़ला नरू उधरीच आएगा। मेरा सिंदूर पोछेगा और तब आएँगा तेरे पास वो।

नरू : ए मैं एडा नहीं हूँ, तेरा सिंदूर पोंछने के लिए।

मंजू : मिल वालों कू मारने के लिए तुम्हारेच लोग जाते हैं न !

नरू : हाँ, पर तेरे आदमी को टच भी नहीं करते वो। मैं हूँ इसलिए। मेरी आवाज सुनते हैं वो। इस वास्ते सुक्का छोड़ते हैं उसकू। पर वो उसकू क्या समझेगा ! मेरा मेसेज देने का उसकू। आज किया तो किया। इसके बाद मेरे आदमी कू टच भी नहीं करने का, क्या ! नईं तो पहला गेम तेरे आदमी काच होगा। बटर जैसे झाट भर छोकरे पर हाथ उठाना सोपा है। पर हाथ में काले-काले घोडे लेकर हमारे लोग खड़े होएँगे ना सामने तब एकदम पीली हो जाएँगी चड्डी !

मंजू : तू धमकी दे रहा है मेरेकू ? समझता क्या है तू अपने कू ? तेरे दिल में आया तो तू मुर्दे ही मुर्दे बिछा देगा यहाँ पे। अपने बहन से भाई बड़ा लगता है ना तेरेकू...अपने घर को आग लगा और भरते जा भाई का घर।

चमका दे उसका घर बार—और सुन। उसकी औरत सेच राखी भी बँधवा ले।

नरू : इसके कारण यहाँ आने का भी दिल नहीं करता। साली मुर्गी की तरह चोंच मारते रहती है। सचमुच की मुर्गी होती तो अब तक काट के खा लिया होता।

माँ : इधर आने का बोली ना मैं।

(मंजू तनतनाते हुए फिर से गैलरी में चली जाती है)

नरू : *(भीतर जाता है)* बड़ी मगरूरी चढ़ी है न तेरे दामाद पे। बोला उसको मैं कि लीडरगिरी छोड़। भाई दस हजार में सेटलमेंट करने वाला था, मफतलाल में घुसा रहा था उसको। बोला वहाँ नहीं जाने का तो ज्युपिटर में जा, कौन सी मिल होना बोल। और ये सब क्यूँ, ये इस वास्ते कि वो मेरा जीजा है। पर इन लोगों को बहोत चर्बी चढ़ी है। लीडर बनने का रहमानी कीड़ा है इनके नीचे। बोलता है चलाऊँगा तो अपनी मिल नहीं तो भूखा रहूँगा सबके साथ। भाई बोला उसको, अपुन भी चांस दिया, अब उसका तकदीर। फिर भी हमारे लड़के मेरी तरफ देखके चुप रहते हैं। अगर एक बार उनका हाथ उठ गया न इन पर तो इनकी एक हड्डी भी नहीं मिलेगी।

माँ : पहले ये ले *(उसके सामने थाली रखती है)*

नरू : ये क्या है...

आई : चीख मत। धीरे। उसका डब्बा नहीं दे रही हूँ मैं। वो नार्वेकर की औरत है न, उससे खास तेरे वास्ते मछली का सालन माँगकर लायी मैं। खा जल्दी से। मोअन को नहीं दिया, वो देखेगा तो जान खायेगा मेरी। खा। *(नरू जल्दी जल्दी खाने लगता है। वो खाने में मगन है। माँ ममता भरी नजर से उसकी ओर देखती है।)* क्या रे, कैसे बाल बना रखे हैं। दो बूँद तेल लगाया कर। सूखकर खड़ंग हो गए हैं।

नरू : च्, ये देख खाने के टाइम पे सर पे हाथ मत घुमाया कर। बाल गिरते हैं खाने में।

माँ : क्या, तेरे बाल भी झड़ने लगे ?

नरू : पानी दे।

(माँ पानी देती है। वह गटगट पीता है। थाली में हाथ धोकर माँ की साड़ी के पल्ले से हाथ पोंछता है। जाने लगता है तभी माँ उसका हाथ थामती है। नरू उसकी ओर परेशान होकर देखता है।)

माँ : अरे तेरे पाँव पड़ती हूँ नरू। भगवान जैसा नईं तो कम से कम इंसान जैसा तो बर्ताव किया कर। राणे के पीछे मत पड़ा कर। वो नईं सुनते तो मत सुनने दे। समझने का कि सनकी है और छोड़ देने का। अपुन अपनी बेटी की तरफ देखने का। बड़ी मुश्किल से जैसे-तैसे उसका संसार बसाया हम लोगों ने। अब जित्ते दिन ये यहाँ पर है उत्ते दिन तभी कलेस मत दे उसकू। वो बोली तबी ध्यान नहीं देने का।

नरू : अब बस कर। छोड़ मेरेकू।

माँ : येइच तो है। पाँच मिनट भी बात नहीं सुनता। पाँव में बस चकरी लगी है इसके भिर्र-भिर्र। जरा खोपड़ी ठंडी रखा कर। वो पेपर में जाने कैसे कैसे खबर आती रहती है। क्या बोलते उसकू गैंगवार कि क्या, आज इसको गोली मारी, कल उसको खल्लास किया। पुलिस भी एकदम राक्षस है राक्षस। एकदम खल्लास कर डालते हैं। ये मोअन है न अपना। वो सावर्डेकरनी के यहाँ से नवभारत टाइम्स लाता है। जोर-जोर से पढ़ते बैठता है। और इधर मेरा कलेजा लपलप करता है।

नरू : अरे मेरी माँ, मेरेकू कोई गोली नईं मारेगा। पुलिस में अभी मेरा नाम नहीं है। इनके रेकार्ड पर मेरा फोटो भी नहीं है। अब छोड़ मेरेकू। (*हाथ झटक कर बाहर चला जाता है*)

माँ : *(उसके पीछे पीछे बाहर जाते हुए)* तो फिर फोटो लगने तक ऐसेइच धंदे करते रहना। मारामारी के, लूटने-ठगने के। अच्छा धंदा तो करनेकाच नईं।

नरू : *(चिढ़ते हुए)* कौन बोलता है बोलो ? मैं धंदा डालूँगाच डालूँगा।

माँ : कायका ?

नरू : मुर्गी का, अंडे का।

माँ : तुम्हारे खानदान में किसी ने किया था क्या मुर्गी का धंदा ?

नरू : तुम साले सब भिखारचोट।

माँ : ए, सीधी बात कर। नईं तो अपना थोबड़ा बंद रख।

नरू : अरे अपुन थोड़ीच करेंगे धंदा! लड़के लोगों को रखेंगे। अपुन बस शाम को जाके गल्ला उठायेंगे।

माँ : यानी फिर से उस उस्मान के पेट पर लात मारेगा।

नरू : उस्मान! उस भेनचोद को हकालने वाला हूँ मैं यहाँ से। यहाँ उसकी जरूरत ही क्या है ?

मोहन : वो पचास हजार नहीं देता होगा, है न!

नरू : ए, क्या बोला तू ? तेरी माँ का *(उसकी गांड पर लात मारते हुए)* फिर से बोलेगा ना, फोड़के रखूँगा...

माँ : उसको क्यों मारता है ? वो सावर्डेकर मामी है न वो भी वोइच बोल रही थी।

नरू : उस टंकी को बोलना कि अपना थोबड़ा जरा बंद रख। साली, सब तरफ बवाल करती रहती है। ये हाल रहा तो तुम सब मिलके ना एक दिन पहुँचायेंगे मेरेकू। चल अपने पास टाइम नहीं है। पैसे दे।

माँ : अब काहेके पैसे ? खाना खा लिया ना ?

नरू : सिरफ पचास दे दे। खाना खा लिया इसलिए कम माँग रहा हूँ।

माँ : नईं है मेरे पास।

नरू : चावल के डब्बे में से निकालू ?

माँ : हाथ मत लगाना डब्बे कू। शाम को चाल के लड़के फिर से आयेंगे शिवजयंती का चंदा माँगने। उनके मुँह पे फेंकने को रखे हैं वो।

नरू : उनको मत दे। उन लड़कों को मेरा नाम बोलना। बस।

माँ : लड़के सुनेंगे ?

नरू : क्यों नहीं सुनेंगे ? गल्ली के दुकानवालों से पूरे सत्रा हजार जमा करके दिए हैं मैंने अकेले ने उनके मंडल को।

माँ : इस वास्ते लड़के चुप बैठेंगे। है ना ? उस आडिवरेकर के घर में कोई भी नईं कमाता। फिर भी नहीं छोड़ा लड़कों ने उनको। जीना हराम कर दिया उनका। आखरी में एक्कावन रुपये की पावती फाड़ी। तब उनकी आत्मा ठंडी हुई। यहाँ पर भी चार बार आकर गए। अब ये शिवजयंती का चंदा बोलने का या औरंगजेब का जिजिया कर ?

नरू : बोला ना कि नईं देने का उनको। इस साल अण्णा के नाम से ट्राफी शुरू करने के लिए एक्स्ट्रा एक हजार एक दिए हैं उनको।

माँ : इनके नाम की ट्राफी ? लाये कहाँ से एक हजार...

नरू : भाई के पास से। भाई बोला कि नरू के बाप के नाम से प्राइज शुरू करो। मैं भी बोला कि शुरू करो। साला अण्णा ने अक्खे जनम में अपने को पटखे के सिवा कुछ नहीं दिया। पर भेनचोद अपुन उनकी इज्जत रखता है। अरे अपने को पैदा किया ये क्या कम है ? बोला कि शुरू करो पुंडलिक गजानन धुरी की याद में नरेश पुंडलिक धुरी की ओर से ट्रॉफी, लक्ष्मी कॉटेज और आसपास की एरिया से एसेस्सी में सबसे ज्यादा मार्क लेनेवाले को...ए माँ अब तो दे दे।

माँ : पुंडलिक धुरी के सपूत, अगले गुरुवार को तिथि है तेरे बाप की। मालूम है तेरेको ?

नरू : करो, करो तिथि। अपने बाप का क्या जाता है ?

माँ : बाप ऊपर से नीचे आने वाला है। सबेरे पंडित को बोलके पिंड निकालूँगी। हार फूल लाना पड़ेगा। दो सब्जी बनानी पड़ेंगी। खीर भी। दो लोगों को उपास रखने को बोलना पड़ेगा। डेढ़-दो सौ रुपये लगेंगे।

नरू : दो सौ क्या, पाँच सौ दे दूँगा चार दिन के बाद। वो शिंदे है ना उसकी खोली का डीलिंग होने वाला है। मेरेको भी मिलेंगे पाँच हजार उसमें से। परसों हजार देने वाला है वो।

माँ : अब इस खोली के लफड़े में मत पड़।

नरू : सेफ, एकदम सेफ बिजनेस है। इसकी खोली उसको बेचने की। बीच में दलाली अपनी। इसमें लफड़ा कायका ?

माँ : *(बैठे बैठे ही कहीं से पचास की नोट निकाल कर उसकी ओर फेंकती है। नरू झेलता है)* ये ले। सिलाई के पैसे आये थे वो दे रही हूँ।

मोहन : अब कहाँ से लाये ?

नरू : भोसडीके, चुप बैठ। फोकट का मिलता है तब तक निगलते रह... *(इतने में बटर तेजी से आता है। कुछ घबराया सा और हाँफते हुए)*

बटर : नरू...जल्दी चल...उस्मान कुछ तो भी राडा करने वाला है। आदमी लोग को लेकर आया है। उनको वो जला हुआ खोखा दिखा रहा है। तेरेकू बुला रहा है वो।

नरू : उनकी माँ की...उनकी ये हिम्मत ?

माँ : *(वहीं खड़ी हो जाती है)* नरू, तू मत जा। वो मरते हैं तो मरने दे उनकू उधर।

नरू : भेनचोद को एक बार मारी बिस्कीट दिया वो काफी नहीं था शायद, बहोत चरबी है उसकी गांड में। कौन लोग हैं रे ?

बटर : वो डोंगरी के लड़के हैं। एकदम फुलटू तैयारी में हैं।

नरू : तू गज्जू को और पप्पू को लेकर आ। मैं आगे जाता हूँ। *(बटर भागता है)*

माँ : नरू तू दरवाजे के बाहर पाँव भी नहीं रखने का। मेरी कसम है तेरेकू।

नरू : कामके टाइम बीच में मत आ। चल बाजू।

माँ : नरू तेरे पाँव पड़ती मैं। इस लफड़े में मत पड़। वो लोग बहोत खराब हैं। क्या करेंगे कुछ नहीं बोल सकते।

मंजू : *(बाहर आकर)* माँ वो जा रहा है।

माँ : नरू

नरू : चल हट। साले भड़वों को बहोत मस्ती आ गई है। एक बार का उनका अबीर गुलाल करके इच छोड़ता हूँ।

माँ : मोअन, अरे पकड़ उसकू। नरू...

नरू : तू हट।

(माँ को धकेलकर नरू बाहर भागता है। माँ नरू नरू चीखती रह जाती है। पीछे पीछे मोहन और मंजू भी दौड़ते हैं। बाहर की दिशा की ओर देखते हुए सतीश और बाबा भीतर प्रवेश करते हैं)

सतीश : क्या हुआ रे ? नरू क्यों दौड़ा इस तरह ? ये सब कहाँ गए ?

बाबा : मरने दे उनको। तू पहले मेरे सवाल का जवाब दे।

सतीश : मुझे तेरा मुद्दा ही मंजूर नहीं है। कविता जब होठों के भीतर रहती है तभी वह जीवंत रहती है और कागज पर उतरता है उसका सिर्फ बेजान जिस्म ?

बाबा : यह क्रोचे का कहना है। मालूम है न क्रोचे कौन था ? क्रोचे, सौंदर्य का समीक्षक क्रोचे।

सतीश : क्रोचे हो या क्रोचे का बाप हो। मुझे मंजूर नहीं ये।

बाबा : मंजूर करना ही पड़ेगा। तू कवि है, इसलिए तुझे चुभ रही है ये बात। पर जरा शांति से सोच।

सतीश : शांति से ही सोच रहा हूँ, इतने सारे लोग लिखते हैं तो क्या वे शब्दों से बने बेजान जिस्म होते हैं ?

बाबा : मुर्दे होते हैं मुर्दे !

सतीश : और सरकार पुरस्कार देती है उन शब्दों के मुर्दों को ? पिछले साल आलोक धन्वा की समग्र कविता को साहित्य अकादमी का पुरस्कार मिला...या युग प्रवर्तक साहित्य के रूप में जो सम्मानित होता है क्या वह सब निष्प्राण होता है ?

बाबा : सवाल ही नहीं उठता।

सतीश : रामचरितमानस के बारे में बात कर। क्या तेरा यह स्टेटमेंट रामचरितमानस पर भी लागू होता है ?

बाबा : स्टेटमेंट यानी स्टेटमेंट। रामचरितमानस जितना बाहर आया उससे कई गुना वह तुलसीदास के भीतर ही शेष रहा होगा।

सतीश : मुझे मंजूर नहीं।

बाबा : तू मंजूर करना ही नहीं चाहता।

(माँ, मोहन, मंजू एक के बाद एक भीतर आते हैं)

सतीश : जरा मुझे बता कि कागज पर अगर कविता का निष्प्राण शरीर ही उतरता होगा तब कागज पर लिखी हुई उस कविता को पढ़कर हिल जाने वाले, उसे पढ़कर प्रभावित होने वाले रसिक मन को तुम क्या कहोगे ? क्या उसे भी तुम मृत ही कहोगे ? अपनी कविता पढ़कर सारे श्रोताओं को झकझोर देने वाले बाबा नागार्जुन को क्या तुम डिस्कार्ड कर दोगे ?

बाबा : उसमें गलत क्या है ?

सतीश : गलत नहीं है ? तब पाब्लो नेरुदा ने चिली में जब क्रांति की, तब उसका आधार क्या उनकी मृत कविताएँ थीं ? और मौखिक परंपरा से आज तक टिका हुआ संतकाव्य किन गुणों के आधार पर टिका हुआ है ? ये देख, मेरे पास अज्ञेय का 'हरी घास पर क्षण भर' *(झोले से कविता संग्रह निकालकर बाबा के सामने नचाता है)*। अरे इस कविता संग्रह की कई कविताएँ पढ़ते वक्त मैं काँप जाता हूँ, मेरा मन भर आता है, वह क्या फिजूल ही ?

बाबा : क्या ? क्या कहा ? अज्ञेय का 'हरी घास पर क्षण भर' तेरे झोले में ? मैं क्या सुन रहा हूँ सतीश नारिंग्रेकर साहब ? क्या तू इतना बुर्जुवा हो गया है ?

सतीश : कुछ कविताएँ निश्चित ही आला दर्जे की हैं इसमें।

बाबा : *(माथा ठोकते हुए)* नसीब हमारा, महादेवी वर्मा और सुमित्रानंदन पंत नहीं हैं तेरे झोले में। अरे, मैं क्या समझता था तुझे ? ओ शिट्। तुझे यदि प्रयाग शुक्ल-केदारनाथ सिंह पसंद हैं तो मुझे लगता है कि अपनी पटरी बैठना मुश्किल है।

सतीश : तू तुरंत ऐसे लेबल क्यों लगा देता है ?

बाबा : लेबल नहीं, सवाल सेंसिबिलिटी का है। अब तो मुझे तेरी कविता पर ही डाउट होने लगा है।

सतीश : अब तू सीधे मेरी कविता पे आ गया।

बाबा : अभी पूरी तरह आया नहीं हूँ, फिर से एक बार जाँच-परख करनी पड़ेगी। अरे तू अज्ञेय को पढ़ता है ? हॉरिबल! कल तू कहेगा कि नीरज के गीत पसंद हैं!

सतीश : और क्या...पसंद ही है।

बाबा : इनफ! उठ, तू उठ और जा, उस शिवानंद के साथ दोस्ती कर।

सतीश : ये देख, इस तरह ताना मत मार।

बाबा : नहीं, अब तू जा ही। तेरी बगावत आखिर इसी राह से जाएगी रे! हुँ, कह रहे हैं अज्ञेय पसंद है।

सतीश : बाबा, अपने संपूर्ण डिस्कशन में तेरे आर्टिकल के बारे में मैंने एक शब्द भी गलत नहीं कहा है।

बाबा : तू क्या गलत कहेगा? खुद को क्या नामवर सिंह समझ रखा है? बीयर के पैसे देने से तुझे किसी भी विषय पर सिद्धि नहीं प्राप्त हुई है। वो तो ठीक है कि हमने सिर्फ दो-दो एलपी ही ली है।

सतीश : तू बीयर की बात बीच में मत ला। तू हमेशा ही चर्चा को अजीब से टर्न देता है।

बाबा : तू जा रे, जिसे अज्ञेय, केदारनाथ सिंह, प्रयाग शुक्ल पसंद आते हों ऐसे आदमी में मेरे आर्टिकल का पोस्टमार्टम करने की कूवत ही नहीं हो सकती।

सतीश : तुझे फ्रस्टेशन हो रहा है, अपने हाथों से कोई बड़ी कृति नहीं लिखे जाने का फ्रस्टेशन।

बाबा : व्हाट डू यू मीन बाई फ्रस्टेशन? क्या फ्रस्टेशन का 'फ' भी तुझे मालूम है?

(दोनों की चर्चा चरम पर आ चुकी है। बाहर शोर। नरू तीर की तरह घर में प्रवेश करता है। माँ, मंजू चिल्लाने लगते हैं। मोहन भौचक सा। बाबा-सतीश का डिस्कशन रुक जाता है। वे डरे-डरे से नरू की ओर देखने लगते हैं। नरू आते ही अटाले पर चढ़ता है और छुपा कर रखा हुआ हथियार बाहर निकालता है। दरवाजे पर भीड़)

माँ : *(चीखते-चिल्लाते हुए)* नरूऽ...नरू कहाँ जा रहा है? रख, उसे रख दे।

नरू : भेनचोद हो जाने दे इस बार जो भी फाइनल होना है...

(जिस तरह आया था उसी तरह धड़धड़ाते हुए बाहर भाग जाता है—सारे फिर उसके पीछे—खोली में सिर्फ सतीश और बाबा रह जाते हैं। पूरी तरह संभ्रमित)

(अँधेरा)

द्वितीय अंक

(आज अण्णा की पुण्यतिथि है। दीवार पर बीच में अण्णा के फोटो पर हार लटक रहा है। नीचे जमीन पर पीढ़ा रखकर उस पर पिंड, फूल आदि श्राद्ध से संबंधित सामग्री रखी हुई है। एक छोटा दीपक जल रहा है। माँ ने आज कभी-कभार त्योहार-उत्सव पर पहनने वाली साड़ी पहन रखी है। आज घर अव्यवस्थित नहीं है, पर बाकी सब कुछ वैसा ही है। माँ जल्दी-जल्दी काम निपटा रही है, जैसे दिए की बाती कम होते ही वह उसे बढ़ा देती है, उसमें तेल डालती है, पीढ़े पर बिखरे हुए फूल बार-बार पिंड पर रखती है। हर बात पर उसकी बारीकी से नजर है। बीच-बीच में चिंतातुर होकर गैलरी से झाँकते हुए बच्चों की राह देख रही है। पर मोहन के अलावा कोई भी इस पूजा के मौके पर घर पर नहीं है। मोहन है, पर उसमें जरा-सा भी उत्साह नहीं है। अपने सामने फैले 'नवभारत

टाइम्स' में छपी शब्द पहेली हल करने में वह व्यस्त है। सावर्डेकर मामी हमेशा की तरह ही उत्साहित होकर बार-बार चक्कर काट रही है। नई साड़ी और नया ब्लाउज, नाक में नथनी उसका उत्साह व्यक्त कर रहे हैं।)

माँ : देख ढाई बज गए। पर अब तक उस महारानी का पता ही नहीं।

मामी : *(एक हाथ से नथनी सँवारते हुए)* मोहन, गाय के सामने पत्तल रखी या नहीं?

मोहन : च्यक्!

मामी : अरे शब्द पहेली में कब तक सर खपायेगा? जा जल्दी, चौराहे पर इच रहती हैं बहुत सारी गायें, जा जल्दी नहीं तो उठ जायेंगी। *(भीतर माँ के पास जाते हुए)* मंजू ने तो कमाल कर दी। आज भी कंपनी में जाने की कोई जरूरत थी उसकू?

माँ : तुमीच बोलो। मैं बोलती हूँ तो बुरा दिखता है। बोल रही थी कि बारा बजे आ जाऊँगी मैं। कित्ते बजे हैं अबी? सब कुछ मैंने इच किया। भाजी से लेकर खीर तक।

मामी : मैंने अपने मिक्सर पर पीसकर दिया था ना।

माँ : तुमको व्रत है ना। कित्ता बोलूँगी मैं तुमको। अरे, ये सब इस महारानी को समझताच नईं?

मामी : लेकिन सब्जियाँ अच्छी बनीं दोनों और काले मटर की उस्सल क्या शानदार बनी है! होटल वाले भी झक मारेंगे इसके सामने। मैं जब भी पीसती हूँ ना तब क्या, कित्ता चाहिए मेरेकू मालूम होता है।

माँ : मोअन ने जरा-सा मुँह को लगाया वो भी तुम बोले इस वास्ते और वो नरू काले मटर की उस्सल ऊपर से डालके खाता है, एकदम अपने पिताजी के जैसा।

मामी : *(आवाज को धीमी करते हुए, जैसे कोई निजी बात बता रही हो)* नरू का कुछ पता चला?

माँ : उस दिन राड़ा किया था लड़कों ने, उसके बाद कहाँ पता है उसका? परसों बटर आया था, दो सौ रुपये देकर गया। बोल रहा था कि नरू को पुलिस ढूँढ़ रही है...बस पुलिस घर पे नईं आई, मेहरबानी हुई। भगवान ने लाज रख ली मेरी।

मामी : *(उसी तरह धीमी आवाज में, पर आँखें बड़ी-बड़ी कर बोलते हुए)* ये

इत्ता बड़ा हथियार...अरे मेरी माँ कलेजा तो जैसे पानी-पानी हो गया। लड़के बोल रहे थे नरू ने ऐसी घुमाई तलवार कि उस्मान बस बाल-बाल बचा। पैंट फट गई उसकी। जरा सी भी लगती न तलवार तो सीधे ऊपर का टिकट कट जाता उसका। एकदम जंग लगी हुई थी तलवार...वो बच गया पर दूसरे की खोपड़ीच फोड़ दी नरू ने...मटके पे पत्थर पटकते न वैसा इच पत्थर पटका उसके सर पे...उसके बाद गायब हो गए सारे लड़के। वायरलेस का आवाज आते बराबर सब सामसुम। पुलिस के बाप को भी किसी का पते लगा तो कसम। उनके भी बाप निकले ये लड़के!

माँ : शिवाजी जयंती को भी दिखा नईं कईं पर। मेरेकू लगा कि अब आएँगा, अब आएँगा...

मामी : *(फिर उसी धीमी आवाज के साथ)* पर मैं तो कुछ अलगीच सुन रही हूँ। लड़के बोल रहे थे कि नरू भी वांटेड हो गया है। एरिया छोड़ के भाग गया। इत्ते में मिला ना तो पुलिस रक्खेंगे नईं उसकू।

माँ : अरे मेरे भगवान...

मामी : डरो मत। भाई अंदर है न। वहाँ सेच उसने टीप दी बोलते, भाई बोला उसकू थोड़े दिन तड़ीपार रहने कू। बोलना मत किसको...लोग बोल रहे कि कल्याण के कोलसेवाड़ी में कहीं है नरू...

माँ : हे मेरे भगवान, बाप के श्राद्ध के दिन नई आया तभी चलेंगा पर ये पुलिस की आफत मत लगा रे मेरे बच्चे के पीछे।

मामी : शिवाजी जयंती को अण्णा के नाम से कित्ता बड़ा ईनाम दिया उसने।

माँ : ईनाम दे रहे थे तब हमारे इनका नाम लिया तो झट आँख में पानी आ गया मेरे।

मामी : वो गोसालकर के लड़के ने बयासी परसेंट मार्क लेके ईनाम जीता है।

माँ : ये कहते थे कि लक्ष्मी मेरे बच्चे भी देखना बहुत होशियार होंगे। बस, तू देखते रहना...और मैं सिरप देखतीच रह गई! *(आवाज में कातरता)*

मामी : *(भगौने पर से ढक्कन उठाकर देखते हुए)* उस्सल बहोत बच गई, नईं?

माँ : राकेश को लगती होगी तो ले जाव ना!

मामी : *(आवाज को धीमा करते हुए)* राकेश बोल रहा था तुम्हारी दो सही बाकी है, इस वास्ते सोमवार को काम नहीं हुआ। वो हो जाए तो कल देना...

माँ : शूः! जरा धीरे।

मामी : दो दिन में हो जाएँगा काम।

माँ : देखो तुम्हारा बेटा भगवान की तरह आया मदद के वास्ते। उसने इत्ती

मेहनत नईं उठाई होती तो मैं क्या जाती उनसे झगड़ने कू।

मामी : अंदर वालों से पैचान है उसकी। राकेश के दोस्त का बापइच है एलआइशी में। बोत बड़ा साहब है। वो बोले तो फटाक् से...

माँ : ए जरा धीरेऽऽ...अभी घर में है ?

मामी : भेजूँ क्या ?

माँ : नईं, नईं बाहर वो अहिरावण-महिरावण बैठे रहते हैं ना! उनके सामने मूँ भी नहीं खोल सकते। एक का दो बतायेंगे वो।

मामी : तब तुमीच चलो ना हमारे घर...जो कुछ बोलना हो वहाँ पर इच बोलो।

माँ : नईं, मेरे पीछे-पीछे मोअन भी आएँगा। कल रस्ते में मिलेंगा तो बोलूँगी। भोत गुनी बेटा है तुम्हारा।

मामी : ये मोहन को क्या हो गया है ? जगह से हिलताच नईं। तब मैं बोली कि श्राद्ध का प्रसाद ले जा, पर वो चुप का चुप।

माँ : सबेरे से ऐसा मूँ बनाके बैठा है। चाल के लड़कों के साथ मैच खेलने निकला था। लड़कों को छुट्टी लग गई तबसे रोज मैच ही मैच। ये भी नांचने लगा। मैं बोली बैठ चुपचाप यहाँ पर। घर में श्राद्ध का कार्य है तब तेरेकू कैसे मैच सूझती रे ? अरे, बाप का श्राद्ध बरस में एकीच बार आता। बस तबसे बैठा है करेले जैसा मूँ बनाके।

मामी : देखो कभी नईं बुलाते। इन चाल वाले लड़कों को भी आज इच बुलाना था उसको...

माँ : मैंने कुछ गलत किया क्या, तुमीच बोलो...

मामी : तुम क्यूँ गलत करोगे...मैं जाती हूँ। दो मिनट में आती बोलके आई थी मैं...*(जाते-जाते मोहन के पास ठिठक के)* आता क्या रे, हमारे वो घरमेंच है, कैट खेल रहे हैं। तू भी पाँच-तीन-दो खेल, चल...*(मोहन गर्दन हिलाकर नहीं कहता है। मामी उसकी ओर एक कटाक्ष डालते हुए बाहर चली जाती है)।*

माँ : (बाहर आते हुए) आज अच्छा दिन है। कम से कम आज तो थोबड़े पे थोड़ी-सी हँसी रख। सबेरे से ऐसा मूँ बना के बैठा है जैसे तेरी सास इच मर गई हो।

मोहन : ए, जा न तू। अपना काम कर। तेरा मुँह है ना हँसमुख। श्राद्ध खत्म हुआ। खाना-पीना हो गया। अब वो नई साड़ी पहन के इधर-उधर फालतू मटक मत।

माँ : मटकूँगी तेरी शादी में। साड़ी पे बड़ी नजर गई। मेरी कमाई की साड़ी है

ये और मेरे मरद का कारज था। एक शब्द भी नईं सुनूँगी मैं। अभी आधे लोग खाना नहीं खाए। बोलता है कि सबका खाना हो गया, हुंह...तेरे को बोली की गाय को पत्तल का प्रसाद खिला दे, तो यहाँ बैठा है बैल के जैसा पाँव पसार के। सूरज डूबने तक ऐसे कारज की तिथि नहीं खतम होती। तेरे भाई लोगों का पता है तेरेकू और मेरी साड़ी नजर में चुभ रही है...तू पहन न नए कपड़े। ऐसे इच अपशगुनी की तरह बैठने का शौक है तेरेको...

मोहन : है मेरे पास अच्छे कपड़े? तब कहाँ से पहनूँ? पिछले पूरे साल में एक भी नया शर्ट नहीं लिया। दो पैंट है...वो भी पाँव के पास सिलाई उधड़ी हुई...ये...ये शर्ट देख, कॉलर चली गई इसकी। है किसी का ध्यान? तू लोगों के इत्ते सारे कपड़े सीती है...तेरे ध्यान में नहीं आई ये बात?

माँ : नरू के इत्ते सारे नए शर्ट पड़े हैं न, वो पहना कर।

मोहन : मेरे को दूसरे के कपड़े नहीं चाहिए।

माँ : जब जरूरत रहती है तब तो पहनता है।

मोहन : और खाता हूँ गाली। अब किसी की गाली नहीं सहूँगा मैं।

माँ : इतना घमंड है तो कमा पैसे और सिला ले कपड़े।

मोहन : सारी बातें आखिरी में कमाई पर आकर ही रुकती हैं।

माँ : नईं तो कहाँ जाएँगी?

(बटर धड़धड़ाते हुए वहाँ आता है)

बटर : हो गया सब?

माँ : क्या?

बटर : वो क्या बोलते...श्राद्ध और तिथि-बिथि।

माँ : व्रत करने वाले भी खाकर चले गए...तू कहाँ से आ रहा है?

बटर : खाना रेडी है?

माँ : बैठेगा खाने के वास्ते? परोसूँ?

बटर : नहीं, पाँच मिनिट से ज्यादा टाइम नहीं है। *(घर की खिड़कियाँ बंद करता है और दौड़कर गैलरी में जाता है। सीटी बजाकर वापस आता है।)*

माँ : किसको टाइम नईं बोलता? मेरा नरू कहाँ पे है वो पैले बता? वांटेड हो गया क्या रे वो? कल्याण को गया क्या?

बटर : ओऽऽ धीरे!

माँ : है कौन उसके साथ? अच्छा है न वो? कब आयेगा? अरे कुछ तो बोल

रे मेरे दुश्मन...

(धड़ाम् से दरवाजा खोलकर नरू वहाँ आता है और वैसे ही धड़ाम् से दरवाजा बंद कर देता है। माँ के मुँह से हल्की-सी चीख निकलती है। मोहन मुँह फाड़कर देखता रहता है। नरू होंठों पर उँगली रखकर सबसे शांत रहने के लिए कहता है, फिर भी माँ दौड़ते हुए सामने आती है। उसके बालों-चेहरे-कांधे पर प्यार से हाथ घुमाते हुए उसे देखती है।)

माँ : नरूऽ मेरे बाबा, अच्छा तो है न रे...चेहरा देख कैसा हो गया। बैठ, बैठ, थोड़ा-सा पानी लाती तेरे वास्ते...

(नरू का चेहरा एकदम सूखा हुआ है। वह कुर्सी खींच कर बैठ जाता है और उसी सूखी नजर से घर को देखता है। माँ जल्दी-जल्दी पानी लाकर उसको देती है। नरू गटागट पानी पीता है। उसे पानी पीता हुआ माँ टक् लगाकर देखती है।)

माँ : और दूँ?

नरू : *(हाथ से ना का इशारा करता है)* अटाले पर सोलह इंच लंबा धारदार हथियार है और एक गुप्ती भी है, उसकू बाहर हटाना है यहाँ से। बटर कर देगा सारा इंतजाम...भेनचोद, यहाँ हथियार मिला तो 'टाडा' लगाएँगे मेरे पे...

माँ : अरे, ऐसा अशुभ मत बोल रे, आज अच्छा दिन है। अभीच तेरी गुप्ती-वुप्ती हटाती हूँ यहाँ से।

नरू : मेरे जाने पर हटाना।

माँ : क्या पुलिस झड़ती लेने वाली है घर की?

नरू : नहीं लेगी या ले भी सकती है। कुछ भरोसा नहीं।

माँ : हे मेरे भगवान...

नरू : साला लक होएँगा तो बराब्बर बाहर पड़ जाऊँगा।

बटर : ये टाइम पे पाटील साब होना चाहिए था।

नरू : पाटील साब होते तो नाके पे पुलिस वाले नहीं रखते वो। ये शर्मा साब साला भिखारचोट है। आगे का, पीछे का कुछ नहीं देखता। वो फटेले गोपी की किडनी गई...मालूम है ना तेरे को।

बटर : पाटील साब अभीच गए हैं महीने भर की छुट्टी पर।

नरू : वोइच। मौका मिलने कू होना यहाँ से सटकने के वास्ते। बटर तू देखते रहना। तेरे देखते-देखते मैं कैसे वंटास होता हूँ यहाँ से। रातपाली के सारे

हवालदार साले चूतिया हैं। पगलेट साले, कल मैं उनके इच सामने गाड़ी पर कुल्फी खा रहा था और उनको झाट खबर नहीं... *(बटर ठहाका मारके हँसता है)*

माँ : अरे बेटा, जहर की परीक्षा उसको खाकर नईं करते।

नरू : पूजा हो गई ?

माँ : हो गई। तूने दो सौ भेजे थे इस वास्ते पूजा हो सकी...चल, माथा टेक ले और ले ले आशीर्वाद अपने बाप से। बोल कि मेरे बाप-दादा का पुण्य मेरे साथ रहने दे और मेरेकू ये सारे संकट से छुड़ा दे।

नरू : *(पिंड पर फूल रखकर माथा टेकता है। जेब टटोलता है।)* बटर, अबे भोसड़ी के, दे थोड़े छुट्टे पैसे।

बटर : पैसे काय को ? क्या ये सत्यनारायण की कथा है ?

नरू : ये जोक मत मार, पैसे दे।

बटर : ये ले पाँच का नोट। *(नरू पैसे पिंड पर घुमाकर रख देता है, प्रणाम करके उठ जाता है)*

नरू : पैसे डाले, अच्छा किया। अरे, पहलेइच टाइम खराब चल रहा है। इसमें बाप की आत्मा ऊपर से नीचे आकर भटकती रह गई तो उसकीच बददुआ लगेंगी।

माँ : देखो इसको ! जीभ में हड्डी नईं है इसके...चल, खाना परोसती हूँ।

नरू : परोस मत। बस एक पुड़ी दे दे...

माँ : काले मटर की उस्सल है।

नरू : उधर नाके पे मेरे चार बाप बैठे हैं। दूसरी पाली वाले ड्यूटी पर आने से पहले यहाँ से कन्नी काटना पड़ेगा। उस्सल खाने को टाइम किसके पास है।

माँ : पुड़ी तो पुड़ी, ले बाबा। थोड़ी-सी खीर भी खा।

(जल्दी से भीतर जाती है। बटर जेब से एक कैप निकालकर नरू को देता है। नरू कैप पहनता है)

नरू : कैसी लग रही है ?

बटर : देखकर जरा भी डाउट नहीं आता।

(माँ की दी हुई पुड़ी और खीर नरू खाने लगता है)

माँ : चलो कुछ भी हो, पर आया न बाप की तिथि पर। इत्ता काफी है। वो टोपी निकाल पैले। अच्छी नहीं दिखती।

नरू : *(बटर की ओर देखते हुए)* ये बता इसको।

बटर : वो रहने देओ। किसी को शक नहीं आने को मंगता, इस वास्ते पहनी है टोपी।

माँ : अब क्या-क्या करेगा...अपने पाँव पे पत्थर मार लेने की पैले से इच आदत है तेरी...तबी मैं बोल रही थी कि उस उस्मान के पीछे मत पड़।

नरू : *(परेशान होकर)* हो गया तेरा टेप शुरू?

माँ : अगर मर जाता वो तो?

नरू : तो क्या...302 लगता। उसको आसमान में भेजने के वास्तेच हथियार निकाला था।

बटर : फिर भी हाफ मर्डर की केस लगीच गई। दोनों नायर हॉस्पिटल में एडमिट हैं। गैसे पे हैं दोनों।

माँ : बोल रहा था न पुलिस टेसन में मेरा नाम नईं है। अब ले, आ गया नाम। हो गया ना संतोष। अब भटकेगा जिंदगी भर।

नरू : ये सब तुमकू मेरे इस लाइन में आने से पहले बोलना था।

माँ : तब क्या मालूम था कि तू इत्ता आगे चला जाएँगा। तेरे पिताजी को बार-बार हॉस्पिटल ले जाना पड़ता था। उनकी तरफ देखती कि तेरे तरफ? कब मेरी नजर बचाके खिसक गया पताइच नहीं चला।

नरू : पर अब पता चलके कोई फायदा? रात गई बात गई। ये लाइन ही ऐसी है। मारो नहीं तो मरो। भागो भेनचोद दुश्मन के पीछे और पुलिस के आगे...साला कैसे भी ये टाइम निकल जाने को होना और सात-आठ दिन के बाद मामला ठंडा हो जाएँगा। तब तक अंदर से भाई का मैसेज भी आ जाएँगा। इस एरिया से एक बार बाहर पड़ने की देर है, फिर झाट इनके हाथ में नहीं आता मैं।

बटर : अरे, हाथ में आ गया तब भी मैं आऊँगा ना डब्बा पहुँचाने के वास्ते। *(गर्व के साथ)* नरू की माँ तुमको मालूम है क्या अपने को ऊप्पर की जगा मिली है। डेली दो सौ रुपये कमा रहा हूँ।

माँ : रोज के दो सौ? क्या मिल में जॉबर-विबर बन गया क्या रे?

बटर : जॉबर? *(हँसता है...)* अब मिल को जाने दे खड्डे में। भाई का डब्बा रोज पहुँचाता हूँ ऑर्थर रोड जेल में। उसमें और नरू के सौ मिलेंगे याने डेली तीन सौ...

नरू : जोक मत कर भोसड़ी के। साला मेरी मौत पर मस्ती कर रहा है?

बटर : वैसा नईं नरू भाय। साला तू अंदर गया तो मैं बाहर लटकूँगा...

नरू : *(खुद से ही)* ये भी बोल रही थी...भटकेगा जनम भर। साली वो

पिच्चर की माँ लोग अच्छी होती है। बेटे के वास्ते पूजा करती, व्रत रखती और ये माँ। श्राप दे रही है...

माँ : नईं रे मेरे बच्चे!

नरू : चुप रह... *(खुद से गहरे स्वर में)* ये टाइम एक बार का निकल जाये...रात को पूरा डेढ़ खंभा उतारा पेट में। पर थोड़ा भी नशा नईं हुआ। बार-बार लग रहा था अब रेड हुई, अब रेड हुई, मादरचोद नत्थूमल बनिया ने धोखा दिया। हाप मर्डर को अपुन नहीं मानते, वो सातवशे के खोली का लफड़ा भारी पड़ेगा...उस नत्थूमल के माँ की...

माँ : *(घबराते हुए)* अब उस बनिये की क्या बात है नई?

नरू : बोत दिन से अपना हाथ नईं पड़ा उस पे।

माँ : उस बनिये के लफड़े में मत पड़ नरू...पिछली खुन्नस लेकर अब भी वो हमारा बुरा सोचता रहता है...

नरू : उसनेइच एनसी करने को कहा सातवशे को...बोला लिख कि मैं चिटिंग करता। उस मादरचोद को वो खोली हड़पने की है।

माँ : हड़पने दे।

नरू : तू चुप बैठ। इत्ती सी बात नहीं है माँ। वो बोलता है कि शिवाजी जयंती के पैसे जबरदस्ती करके लिए मैंने दुकानवालों से। इस वास्ते कमप्लेन् की उसने।

माँ : तू पैले अपनी खोपड़ी शांत रख।

नरू : उसकी खोपड़ी फोड़े बिना अब शांत नहीं बैठूँगा। *(एकदम उठता है। टोपी ठीक करते हुए बटर से)* चल, यहाँ बैठे रहे तो ये भेजा खा जायेंगी।

माँ : जा रहा है?

नरू : पाँच बातें सुन ले। कोई आया तो मेरे बारे में एक शब्द भी नईं बोलने का। मेरे पूछताछ नईं करने का। मैं हप्ते भर बाद पैसे भेजूँगा। बटर आये तो डब्बे में मच्छी का सालन और इतवार को सुक्का मटन भेजना। अटाले पर रखे हुए हथियार बटर को दे देना। चल।

(फटाफट सूचना देकर जाने लगता है)

माँ : अच्छे से रहेगा ना रे? रुक, दो जोड़ा शर्ट और पैंट देती हूँ। टावेल भी रखती हूँ बैग में।

नरू : *(उफन कर)* पिकनिक पे जा रहा क्या मैं? देख मेरी खोपड़ी खिसक गई ना...जरा मूँ पे ताला लगा।

(बटर गैलरी में जाकर सीटी बजाता है। दोनों तेजी से निकल जाते हैं)

माँ : बराबर जा रे बाबा...*(वे दोनों निकल चुके हैं)* देखा, दुर्वासा का भी बाप है ये। उसकोइच रोज धोए हुए साफ कपड़े लगते, इस वास्ते बोली मैं...वो क्या कहते हैं ना किसी को भला बोलो तो वोइच अपने सर पे बैठता है...*(भगवान के मन्दिर के पास जाती है। जरा सी भभूत लेकर दरवाजे की दिशा में फूँक देती है)* हे भगवान, रक्षा करने रे मेरे बच्चे की। मोअन, अरे जा बाबा, जरा वहाँ तक। बराबर गया कि नईं देख।

मोहन : *(बैठे-बैठे ही..)* गया, पहुँच गया वो बराबर।

माँ : तेरेकू यहाँ बैठे-बैठे सब मालूम हो जाता है। मैच होती तो चला जाता कूदते हुए। कैसा काला पड़ गया मेरा बच्चा, नींद भी नईं होती होगी न, ढंग का खाना भी नहीं मिलता होगा। वहाँ कोलसेवाड़ी में कौन देगा खाना। कहाँ खाएगा, कहाँ सोएगा ?

मोहन : ऐ माँ चुप बैठ, उसने बोला ना उसके बारे में एक शब्द भी नहीं बोलने का, और तेरा रेकार्ड चालू है।

माँ : तड़पता है रे मेरा कलेजा।

मोहन : उसके लिए ही तड़पता है कलेजा।

माँ : तू सिरफ जला कर उससे। यूँ इच नईं गाली खाता तू उसकी। तुम्हारे तीनों में हिम्मत उसमेंच है। पर मुँए का नसीब फूटा हुआ है इस वास्ते स्कूल छूट गई। नईं तो आज कहाँ के कहाँ गया होता वो। पढ़ा लिखा नहीं है पर कैसा भी अपना हिस्सा लाताच है ना वो। तुम लोग जरा सा भी मत हिला करो। नौकरी का रहने देव। वह मामूली लाइट का बिल भरने को बोली तो उसके लिए भी ऐसा दिखाता है जैसे भोत मेहनत करनी पड़ती है उसके वास्ते। दस दिन हो गए। वैसा का वैसा इच रखा है बिल।

मोहन : कल जाऊँगा।

माँ : तेरी जिनगी में कल कबी आयेगाच नईं। वो भिरवंडेकर सावंत ने फोर्ट में किससे मिलने को बोला था, तो गया था क्या वहाँ पे ?

मोहन : च्याक्, कुछ दम नहीं वहाँ।

माँ : वो भी यहाँ बैठे-बैठे इच सोचा कर।

मोहन : सावंत का डायरेक्ट जैक होता ना तो बात अलग थी। वो दूसरे के पास भेजेगा। दूसरा तीसरे से मिलने के लिए कहेगा। उसकी कोई चौथी ही बात होगी...इतने बारा झमेले करने के लिए कहा किसने ?

माँ : अपने को गरज है तो करने कू नहीं होना?

मोहन : इसलिए दस जगह मिन्नतें करें।

माँ : करो मिन्नत।

मोहन : और कुत्ते के जैसे अपने हाल कर लूँ। छः साल से नहीं नहीं सुनते हुए घूम रहा हूँ यहाँ से वहाँ। मुझे क्या तकलीफ होती है ये तुम नहीं समझोगे। तुमको सिर्फ पैसे दिखते हैं। आदमी अगर कमा नहीं रहा है याने वो जीने के लिए एकदम नालायक है तुम्हारी नजर में। मैं तो ऊब चुका हूँ सबसे।

माँ : तो अब क्या करेंगा?

मोहन : जाऊँगा। जान दूँगा। नहीं दिखूँगा।

माँ : दे दे। जान दे दे। शाम को ये पिंड और पूजा के फूल समंदर में बहाने के वास्ते जाएँगा ना तब खुद को भी धकेल दे समंदर में।

मोहन : *(उसका सब्र टूट जाता है)* तू भी वही चाहती है। बोल दिया ना तूने। अब बात खत्म हुई। जाता हूँ। जान दे दूँगा। इस घर ने आधा तो खा ही डाला है मेरे को। अब बचा क्या है? जो है उसको भी खत्म कर देता हूँ। *(झुँझलाकर गैलरी में जाता है और स्टूल पर बैठकर घुटने में सर छुपाकर फफक-फफक कर रोने लगता है)*

माँ : रो। बाप के मरने पर नईं रोया था ना। अब श्राद्ध पे रो।

(इस बीच वहाँ बाबा आ चुका है। घर में जैसे कोई पराया व्यक्ति आया हो इस अंदाज से वह माँ और मोहन की बहस की ओर अलिप्त होकर देखते हुए सोफे पर रिलैक्स होकर लेट चुका है। उसने सिगरेट जला ली है)

माँ : अब आ रहा है? आज घर में क्या है मालूम है तेरेकू?

बाबा : क्या है?

माँ : *(पीढ़े पर रखे हुए पिंड और फूलों की ओर संकेत करते हुए)* सामने क्या दिख रहा है?

बाबा : क्या दिख रहा है?

माँ : आज की तारीक क्या है? कौन सी तिथि है?

बाबा : कौन सी तिथि?

माँ : *(आश्चर्यचकित होकर)* चल, पूजा के सामने माथा टेक। फिर खाना देती मैं तेरेकू। जरा मूँ-हाथ धोके पीढ़े पे बैठ।

बाबा : मुझे खाना नहीं चाहिए।

माँ : नईं बोले तो? तेरेकू याद नई है पर तेरी माँ ने तेरे बाप का श्राद्ध तो कियाच है ना, सबेरे से मर-खप के खाना भी पकाया। ये देख, ये भगोना भरके खीर। ये कौन खायेगा?

बाबा : खीर? तू ही खा। मैं जस्ट चिकन खाकर आ रहा हूँ। वो अवधूत म्हात्रे है ना उसके साथ गया था होटल गोमांतक में। उसके पहले एक-एक बीयर भी हो गई।

माँ : होश में तो है ना तू?

बाबा : अरे, बीयर नहीं चढ़ती है।

माँ : आखिर तूने क्या सोच के रखा है बता?

बाबा : उपन्यास लिखूँगा, उपन्यास! अब आप सब मुझे जरा शांति भरा वातावरण दीजिए। अब तक जितना शोर-शराबा मचा लिया काफी है। मैं उपन्यास लिखूँगा, एकदम हाईक्लास उपन्यास!

माँ : ठीक है। तू उपन्यास लिखने का सोच के बैठा है और वो जान देने की बात सोच रहा है।

बाबा : तुझे भंकस लगता है ये सब?

माँ : मेरेकू कुछ भी नईं लगता।

बाबा : उस दिन वो सतीश नारिंग्रेकर झगड़ा कर गया मुझसे। उससे तूने क्या कहा था?

माँ : मैंने? नईं रे!

बाबा : तूने कहा नहीं उससे कि बाबा हमारा घर में ही बेकार बैठा रहता है। तुम्हारे पेपर में उसके लिए कोई काम हो तो देखो?

माँ : अच्छा वो, हाँ बोली थी मैं। उसकी भोत यहाँ-वहाँ पैचान है ना...

बाबा : तुम मुझे शर्मिंदा करवाते हो। वो कल का लड़का मुझे काम दिलायेगा? उसका संपादक उससे ज्यादा मुझे जानता है।

माँ : तो क्या कभी मिला भी था उससे?

बाबा : किसलिए? मैंने इससे पहले कई बार क्लीयर कहा है कि मुझे नौकरी नहीं करनी है। पहले की थी ना एक बार नौकरी?

माँ : हाँ, चार महीने मेंच छोड़ दी थी।

बाबा : समय पर आओ, मस्टर पर साइन करो, तीन लेट मार्क हो जाये तो एक सीएल कट। ऐसी फालतू बातें निभाने के लिए मेरे पास समय नहीं है। और उस पर तुर्रा ये कि बॉस को साहब बोलो। अरे हट्! साले अंग्रेज देश छोड़ गए, पर साहब कहने की गुलामी नहीं गई यहाँ से।

माँ : तो इत्ती सी बात पे तूने नौकरी छोड़ दी ?

बाबा : अपनी स्वतंत्रता इस तरह मासिक वेतन के बदले में बेचना मुझे हर्गिज मंजूर नहीं। कृपया इस बात का ध्यान रखना कि किसी भी दो कौड़ी के आदमी के सामने मेरी इज्जत न जाने पाए। वो सतीश यहाँ क्यों आता है पता है ? इसलिए कि मैं उसके बारे में चार अच्छे शब्द लिखूँ। थूक निगलने की अदा में बात करता है। पर, जाते-जाते उस दिन मुझे ही दो बातें सुना गया। वो चवन्नी-अठन्नी छाप बागी कवि मुझे कह रहा था कि मेरे द्वारा कोई बड़ी चीज नहीं लिखी जा रही है, इस बात का फ्रस्ट्रेशन आया है मुझे। अब मैं उसे दिखाऊँगा कि महान लेखन क्या होता है। साहित्य अकादमी का अवॉर्ड नहीं लिया तो नाम का बाबा धुरी नहीं। कम से कम राज्य पुरस्कार तो लूँगा ही और वह भी नहीं तो भैरू रतन दमानी प्राइज तो कहीं नहीं गया। पुरस्कार का मुद्दा दोयम है। मुझे उसके आगे जाकर लिखना है। पर, इन सालों की समझ में पुरस्कार की ही भाषा आती है। मैं चैलेंज करता हूँ। ग्रेट उपन्यास चैलेंज स्वीकार करने पर ही ग्रेट सिद्ध हुए हैं। 'सूरज का सातवाँ घोड़ा', 'परिंदे'। मुझे सार्त्र के 'ला नोझे' जैसा उपन्यास लिखना है। खुद को छीलकर, तराशकर लिखा गया उपन्यास। 'ला नोझे' का नायक आंत्वान रोकैंते को पेड़ की ओर देखकर ऐसा महसूस होता है कि अपना अस्तित्व रखने वाले प्रत्येक वस्तु का जन्म बिना किसी कारण के ही होता है, वह कमजोरी के साथ जिंदा रहती है और संयोगवश मर जाती है। रोकैंते की तरह मुझे भी नॉशिया आ गया है हर चीज से। मैं भी खोजना चाहता हूँ अपने अस्तित्व का समर्थन। आई मस्ट राइट। आई विल राइट एंड शो यू बास्टर्ड... *(खुद ही बुदबुदाते हुए सिगरेट का धुआँ निकालता है। पर, उसके आखिरी वाक्य के उच्चारण के अंदाज से घर में प्रवेश करने वाली सावर्डेकर मामी झट से पीछे पलट जाती है। फिर दो पल बाद जरा-सा सहमते हुए बाबा की ओर विचित्र नजरों से देखते हुए भीतर आती है। वह रसोईघर में जाती है। अब उसने नथनी निकाल ली है, पर साड़ी अब भी वही है)।*

मामी : बाबा को क्या हुआ ? खाना तो ठीक से खाया न उसने ?

माँ : इतना ही सुख वो अगर ये मेरेकू देंगे तो भला पुंडलिक धुरी के बेटे कैसे कहलाएँगे ?

मामी : याने ?

माँ : आज सोने जैसे दिन भी मिट्टी खाने की बुद्धि हो गई उसकी। चिकन

खाकर और बीयर पीकर आया मेरे बाबा।

मामी : अरे भगवान! इस वास्तेच...

माँ : किसी को भी कुछ कहना ठीक है क्या यहाँ? वो मोअन जान देने कू निकला है।

मामी : क्या बोल रहे? फिर बोला क्या वो। सीधा लड़का है वो। अरे बोलेगा वैसेइच ही करेगा...

माँ : हाँ, वैसाइच करेगा। सीधा-साधा लड़का...

मामी : मैं दूर करूँगी उसका गुस्सा। पहले राकेश ने जो लेटर माँगा है वो जल्दी से दे देव। उसकू पढ़ना है।

(माँ एक डिब्बे में से लेटर निकाल कर देती है। मामी उसे तह कर ब्लाउज में रख लेती है)

मामी : नरू आकर गया बोलते हैं, सच्ची है क्या?

माँ : नरू? नईं! तुमीच तो बोल रहे थे ना कि वांटेड हो गया है करके...

मामी : नऽईं बाहेर किसी ने तो बी देखा। शेम टू शेम नरू के जैसा।

माँ : हट, कुछ बी बोलते तुम। नरू ऐसा चुपचाप आने वाला लड़का है क्या? अक्खी चाल जमा करेगा। बोलने वालों कू बोलने देव। राकेश को कल बोली थी न वैसे मैं तैयार रहूँगी बोलना।

(उसे जबरदस्ती बाहर खींचती हुई ले जाती है। जाते-जाते मामी एकाएक कुछ याद करके ठहरती है। गैलरी में आती है मोहन घुटनों में सिर छुपा कर स्टूल पर बैठा है। मामी आगे बढ़ती है)

मामी : मोहन, ए मोहन बोल न रे। ऐसा चुप मत बैठ *(मोहन कुछ भी नहीं बोलता है। वह आगे बढ़ती है मोहन के कांधे पर हाथ रखती है। मोहन थोड़ा सा डिस्टर्ब होता है)* चल उठ। ऐसा पिताजी के श्राद्ध के दिन चेहरा उतारकर मत बैठ। क्या सोचेंगे वो। चल मेरे घर।

मोहन : *(उसका हाथ झटकते हुए)* मुझे नहीं आना है।

मामी : *(उसे और करीब लेकर उसके सिर से हाथ फेरते हुए)* ऐसा क्यूँ सोचता है? ऐसा दिमाग गरम करके क्या होएँगा। सबको बता दे तेरी ताकत, ताकि सब बोलेंगे...मोहन जैसा लड़का नईं देखा कहीं भी। उठ, चल मैं पानीपुरी बना रही हूँ। चल मेरे घर।

(मोहन उसका हाथ पकड़ता है। गर्दन उठाकर सीधे उसकी आँखों में देखता है। मामी को उसकी भावना का थोड़ा सा एहसास होता है। वह अजीब सी हँसती है। मोहन उसके कमर से

लिपट जाता है और उसे अपनी ओर खींचता है। वह उसको और लिपटाना चाहता है। मामी हड़बड़ा जाती है। खुद को मोहन से छुड़ाने की कोशिश करती है। मोहन गर्म हो चुका है। उसकी आँखों में अलग किस्म की चमक है। मामी आखिरी कोशिश करती है।)

मामी : *(दबे हुए स्वर में)* मोहन, ये क्या कर रहा है ? छोड़, बाहर बाबा बैठा है। छोड़ रे...नीचे से लोग देखेंगे। छोड़ दे।

मोहन : नहीं छोड़ूँगा। मैं तेरा ये पेट खा जाऊँगा।

मामी : अरे ऐसा क्या कर रहा है, छोड़! राकेश के पापा घर में हैं...मैं चिल्लाऊँगी हाँ...

(मोहन अपने बाजू ढीले करता है तभी मामी उसे धकेलती है। मोहन लुढ़कता है। मामी अपनी साड़ी ठीक करते हुए बाहर आती है। तब तक माँ भी रसोईघर से खोली में आ चुकी है।)

माँ : क्या रे, क्या हुआ ?

मामी : नईं, मैं बोल रही थी कि खीर ज्यादा बच रही होएँगी तो दे देव मेरे कू। अपनी फ्रीज में रख दूँगी। याने कल भी खाने लायक रहेगी खीर।

माँ : अरे इत्ती सी बात। मैं कित्ती डर गई। बचेंगी ना तो देऊँगी रात को।

(मामी झट से चली जाती है। माँ फिर भीतर आती है। मोहन अब भी नॉर्मल नहीं हुआ है। वो काँपते हुए बाहर आता है तब तक मामी जा चुकी है। बाबा छत की ओर आँखें गड़ाए तल्लीन मुद्रा में सिगरेट फूँकते हुए बड़बड़ा रहा है।)

बाबा : अस्तित्व प्राप्त करने वाली प्रत्येक वस्तु अकारण ही जन्म लेती है, अपनी कमजोरी के कारण जिंदा रहती है और संयोग से मर जाती है।

(मोहन थक कर वहीं नीचे बैठ जाता है। माँ खीर की कटोरी लेकर बाहर आती है।)

माँ : मोअन, ले ये कटोरी भर खीर खा ले। अरे खतम कर दे एक बार की। वो मामी कू एक बार बर्तन भर के खीर देंगे तो कल आधी होकर वापस आएँगी। बाबा तेरे कू देऊँ क्या ?

बाबा : *(धीरे-धीरे वास्तविक वातावरण से ज़ुड़ते हुए)* वो औरत यहाँ बार-बार क्यों आती है ?

माँ : कौन, मामी ? आज व्रत रखा था दोनों मरद-औरत सावर्डेकर ने।

बाबा : इन दिनों उसका आना काफी बढ़ गया है यहाँ।

माँ : उसको कोई और काम-धंधा है ? दिन भर में बीस चक्कर होते हैं यहाँ।

बाबा : वो राकेश क्यों आया था उस दिन ? क्या बात चल रही थी ?

माँ : तूने पूजा की ? जब से आया है तब से हाथ-पाँव फैला के ऐसाइच बैठा है। मोअन अब ये सब समंदर में बहा के आएगा...तू भी चार फूल डाल दे। उत्तीच उनके आत्मा को शांति मिलेंगी।

(मामी का जिक्र होते ही मोहन भीतर जाकर मटके से लोटा भर पानी निकालकर गटागट पीकर पानी से चेहरा धोता है और बाहर आकर शांति से खीर खाते हुए बैठा है।)

मोहन : मैं नहीं जाऊँगा समंदर पर, मैंने कह दिया, तुम्हारा काम तुम ही जानो।

माँ : मैं जाऊँगी। अब तो ठीक है। तुम लोगों का संबंध ही क्या है इस कार्य से ? मैंने किया है तो मैं इच निभाऊँगी, पूरा करूँगी। ये बाबा देखो। अपने बाप के पिंड के सामने जाकर हाथ जोड़ने की भी इच्छा नहीं होती इसकी।

बाबा : आटे के इन गोलों के सामने इन्हें अपना बाप मानकर हाथ जोड़ूँ नॉन्सेन्स !

माँ : मत जोड़। पर कुछ भी भला-बुरा बोल के कम से कम इनकी आत्मा को तो तकलीफ मत देव।

बाबा : ये एक और बकवास सुनो ! ये आत्मा कहाँ रहती है ? आटे के गोले में या जिससे गोला बनाते हैं उस आटे में या पीसने से पहले इस्तेमाल किये गए चावल में ?

माँ : अब बस कर मजाक।

बाबा : जिसके सामने जाकर हाथ जोड़ने की इच्छा होती हो, वहीं हाथ जोड़ने चाहिए। मेरी सोच यह है कि बेवजह दिखावा नहीं करना चाहिए।

माँ : कल मेरे मरने पे तू मेरे भी पाँव नइच छुएगा, है ना ?

बाबा : कह नहीं सकता। हो सकता है छू भी लूँ, पर अण्णा ने, हमारे बाप ने हमारे लिए क्या किया था ?

माँ : वा रे सपूत ! तुझे पाला, पोसा, बढ़ाया, पढ़ाया-लिखाया...

बाबा : उसमें ऐसी कौन सी खास बात हुई। एक बार पैदा करने के बाद यह सब करना ही पड़ता है। और बढ़ाया यानी क्या ? तुम नहीं बढ़ाते तब भी मैं बढ़ता ही।

माँ : सबसे ज्यादा तेरे कू प्यार करते थे वो। महँगे-महँगे कपड़े सिलाते थे तेरे लिए। बाहर जाने का होता तो अपने हाथ से तेरे कू पाउडर लगाकर बाल बनाते तेरे।

बाबा : हट!

माँ : अपने साथ भजन के लिए भी तेरे कू ले जाते थे वो। माउंट मेरी के मेले में साथ ले जाते थे तेरे कू।

बाबा : नहीं ले जाते तब भी कुछ बिगड़ा नहीं होता मेरा। अपनी पसंद-नापसंद हम पर लादकर हमारे फलने-फूलने वाले पेड़ पर खुद भी एक पौधा बन गए अण्णा।

माँ : तो तेरी इच्छा क्या थी?

बाबा : कम से कम बिस्तर पर अपने ही मल-मूत्र में लोट-पोट करते हुए पड़े न रहे, इतनी सी इच्छा थी। जल्दी चले गए होते तो वे भी मुक्त होते और हमको भी रिलीफ मिलता। लेकिन जाते-जाते भी अपना चीकटपन नहीं छोड़ा। पूरे साढ़े तीन साल ले लिए।

माँ : बस, बस हुआ। भोत बोल लिया। इनकी सारी बीमारी में मैंने अकेले ने इच सेवा की है। मामूली करवट बदलने के लिए भी तुम लोगों में से एक ने भी अपना हाथ तब आगे नईं बढ़ाया था। सब मजे से लेटे रहते थे। और इत्ती बात कर रहा है तू, तेरे कू कौन सी तकलीफ होती थी रे उनके चुपचाप लेटे रहने से।

बाबा : उनके सिर्फ लेटे रहने से ही तकलीफ होती थी। रोते क्या थे, चिल्लाते क्या थे! रात-बेरात अगर कोई उनकी आवाज सुन ले तो घबरा जाए। आखिरी दिनों में तो अपनी भावनाओं पर जरा भी कंट्रोल नहीं था उनका। रेडियो के किसी नाटक में भी अगर कोई मरता तो ये शुरू कर देते जोर-जोर से रोना। कोई फालतू जोक मारता तो ये लगते पागलों की तरह हँसने। अनबेअरेबल था वो सब। उस समय लगता था यह सब यूँ ही जारी रहेगा अनंत काल तक।

माँ : *(तमतमाकर)* अब उनकी मौत के बाद फिर एक बार मार डाल उनकू। जीते जी तो अपने बाप की कोई इच्छा पूरी नईं की अब मरने पर इच कर दे। तेरे जैसे पत्थर के कलेजे वाला बेटा पैदा होगा ये पैलेइच मालूम होता तो वहीच गाड़ देते हम। आज नाना होते तो अच्छा होता। दो झापड़ मार के ठीक कर देते।

बाबा : कौन नाना?

माँ : अरे जो अपने बाप कोइच भूल गया, वो नाना कू कायकू याद रखेंगा! भरी हुई थाली में मूतने वालों की जात तुमारी। इनकी बीमारी के टाइम घर में क्या होना, नईं होना सब नाना देखते थे। कबी बी थोडे पैसे माँगती तो नईं

नईं बोलते। इस वास्ते तुम लोक पढ़-लिख सके...नईं तो सब काटपीट के सौ सवा सौ हाथ में आने वाले इनके पगार से तुमारी गांड बी नईं धोई जा सकती थी, समझा?

बाबा : मालूम है, नाना के उपकार। उनको मैं भूला उला नहीं हूँ। मगर बकवास आदमी! इतनी अच्छाई, इतनी अच्छाई कि साला कभी-कभी डाउट आता था कि वो वैसे थे इसलिए अण्णा ऐसे हो गए। कंजूस! नाना दे रहा था ना पैसे...तब भला ये अपना हाथ क्यों खाली करेंगे? जाते-जाते भी कंजूसी नहीं छोड़ी बुड्ढे ने। पूरे साढ़े तीन साल। पुणे के गोपाल राव मंडलिक का नाम सुना है? पचासी साल का हट्टा-कट्टा आदमी, पर स्वेच्छा से मृत्यु को अपनाया उन्होंने।

माँ : आखिर तेरे कू कहने का क्या है?

बाबा : अण्णा को भी मर जाना चाहिए था। पर नहीं इतनी अक्ल हमारे लोगों में कहाँ से आएगी। वैसे ही लोटते रहे गू-मूत में, जीते जी मृत्यु-यातना भोगते हुए। पूरा घर संडास बना दिया था। साला मिनट भर घर में टिकना मुश्किल था तब। काले पानी की सजा की तरह बीते वो साढ़े तीन साल।

माँ : *(क्रोध में आपे से बाहर जाते हुए)* खबरदार! अब इसके बाद एक शब्द भी बोला तो मार डालूँगी तेरे कू। हे भगवान कौन से जनम के भोग भोगने को लगा रहा है रे तू। उससे तो अच्छा होता कि बाँझ इच रह जाती तो सुख से कम से कम जिनगी बीतती। *(पिंड की ओर देखते हुए जैसे अण्णा से बात कर रही हो)* सुना तुमने! तुमारे लाड़ले बेटे के अनमोल वचन। तुमारी तिथि के दिन ही तुमारा लाड़ला कैसा थूक रहा है तुम पर। सुनो! बोलते थे कि भागवान मेरे तीन बेटे नईं है, ये तीन कलदार रुपिए है, एकदम सच्चे। किसी बजार में खन्न से बजेंगे। सँभाल के रख इनकू...पर हाय रे उन कलदार रुपियों की एकदम चिल्लर हो गई...तुमारी सारी कमाई...बह गई...अब मैं यहाँ से जाती। कायकू करने की तिथि-बिथि? सुन लेव मेरे मरने के बाद कोई मेरा श्राद्ध-फ्राद्ध मत करना, समझे!

(तभी राणे 'मजदूर एकता जिंदाबाद' का नारा लगाते हुए आता है। उसके हाथों में रंगीन कागज में लपेटा हुआ पैकेट और थैलियाँ हैं। राणे थोड़ा सा नशे में है। संतुलन नहीं खो रहा है, पर उसकी बात से उसके 'पीने' का एहसास हो जाता है। माँ भीतर जाती है।)

राणे : क्या हुआ बाबा सेठ? झगड़ा नहीं करने का अभी। सारी समस्याएँ खत्म हो चुकी हैं।

(बाबा एक नजर राणे की ओर देखता है और फिर अपने में ही मशगूल)

राणे : मोहन, मंजू? *(मोहन हाथ घुमाकर 'नहीं पता' जैसा संकेत करता है। राणे भीतर जाता है। माँ के सामने पैकेट रखता है। पालथी मारकर बैठता है और झुक कर उन्हें प्रणाम करता है।)* ए मेरी औरत की माँ तेरे को नमस्कार! औरत की माँ, व्हाई? मेरी...मेरी माँ तेरे को सादर प्रणाम *(फिर से झुकता है)* अचानक घर आने का कारण ये है कि पिछले साढ़े छे महीने से जो चल रही थी वो हड़ताल खत्म हो गई है। हमारा संघर्ष खत्म हो चुका है। आज अपुन एकदम खुश है। अपुन आजाद हो गया है। मजदूर एकता जिंदाबाद!

मोहन : *(झट से उठकर पार्टिशन के दरवाजे पर आता है)* याने हड़ताल खत्म हो गई तुम्हारी?

राणे : खल्लास!

मोहन : सेठ ने बात मान ली तुम्हारी?

राणे : यस!

मोहन : तो अब कब चालू होगी मिल? एक तारीख से?

राणे : चालू? बंद होगी बंद। हमेशा के लिए बंद।

माँ : *(पहली बार सिर उठाकर ऊपर देखते हुए)* बोले तो?

राणे : सेठ ने गेट पे नोटिस लगाई है कि मिल में काम करने वाले सारे कामगार अगर एक साथ इस्तीफा देंगे तो मैनेजमेंट कामगारों को नुकसान भरपाई के साथ सर्विस के रूप में सवा लाख रुपए देगी।

मोहन : सव्वा लाख?

राणे : भेनचोद! पाँच घंटे में सारे मिल ने टाइम ऑफिस में लाइन लगाकर 25 हजार का पहला हफ्ता ले भी लिया।

मोहन : और बचे हुए?

राणे : एक साल में किस्तों में मिलेंगे। ये पेड़ा लो, पेड़ा...

माँ : ...*(झटके से पैकेट खोलता है। पेड़े निकालता है और माँ के हाथों में ठूँसतता है। मोहन आगे बढ़ता है और दो-तीन पेड़े झपट लेता है)*

मोहन : *(खाते हुए)* गौरीशंकर छितरमल के पेड़े नहीं लग रहे ये?

राणे : हट! गौरीशकर किस खेत की मूली है। उससे भारी है, क्या! मंजू को

ऐसे पेड़े ही अच्छे लगते हैं। कहाँ है मंजू। अभी आई नहीं अब तक? मंजू...

माँ : दुपेर को आती, बोल के गई कंपनी में। आज इनके श्राद्ध की तिथि है। अब तक आने को होना था।

राणे : तिथि? ससुर जी की! मेरे को माफ कर दो माँ! *(अपने ही गालों पर तड़ातड़ मार लेता है और उठकर बाहर आता है। पिंड रखे हुए पीढ़े के सामने साक्षात दंडवत की मुद्रा में लेट जाता है।)* ससुर जी आशीर्वाद दीजिए।...बोल रहे हैं कि जा बेटा मौज कर। अपुन कू अभी लाइन मिलने वाला है। माँ झूठ नहीं बोलूँगा। 25 हजार का चेक ले कर मारवाड़ी सेठ ने रोकड़ा 20 हजार रुपया हाथ में रखा...कैश! वो मूछ वाले पठान को उसमें से 13 दे दिए। बाकी अपुन के पास। ये देखो। मंजू के लिए साड़ी ली। एकदम भारी है और ये तुम्हारे वास्ते...*(पैकेट खोलकर उनके हाथों में साड़ी देता है। माँ अचरज से देखती रहती है।)* और ये मेरे लिए शर्ट पीस...नहीं तो मंजू बोलेगी, तुमने अपने लिए कुछ भी नहीं लिया। मोहन, कैसा है? तेरे को चाहिए? चल ले ले। *(उस पर शर्ट पीस फेंकता है)* अपुन दूसरा लेगा, क्या! तीन हजार अभी भी है अपुन के पास। अब दुनिया झाट है अपुन के सामने। *(पेड़े का डिब्बा लेकर बाहर आता है)* बाबा, लो पेड़े लो।

बाबा : काहे के पेड़े?

राणे : मिल बंद हो गई हमेशा के लिए।

बाबा : तो अब?

राणे : अरे पहले पेड़े तो लो।

बाबा : *(पेड़ा लेते हुए)* अब इसके बाद क्या करेंगे आप?

राणे : धंधा करेंगे। सब्जी-भाजी का स्टॉल लगाएँगे। भाजी का धंधा बंद नहीं होता मिल के जैसा। रेडीमेड कपड़े आ गए, अब मिल के मोटे मारकीन को कौन पूछता है? पर भाजी लोग हमेशा खाते हैं। एक महीने के अंदर नहीं बड़ा स्टॉल लगाया तो बोलना, ये अपनी जबान है। मंजू को एकदम रानी के जैसा रखूँगा...वो बिलीव भी नहीं करेंगी...

मोहन : वो ठीक है, लेकिन पैसा कहाँ है स्टॉल लगाने के लिए?

राणे : येड़ा है क्या रे? तीन महीने में दूसरा चेक आ रहा है। मारवाड़ी सेठ रोकड़ा बीस हजार देगा उसका।

मोहन : याने पाँच हजार कमीशन सेठ को! उससे अच्छा मेरे को दे दो।

राणे : मोहन अभी तू बच्चा है। मैं देता ना तेरे को पैसा। स्टॉल पर तू ही बैठने का।

मोहन : मैं? भाजी के स्टॉल पर? हुंह! मेरा काम हो रहा है एक जगह। *(शर्ट पीस खोलकर देखता है।)* पर शर्ट पीस एकदम मस्त है। पनहा कितना है?

बाबा : तुम्हारे आंदोलन का क्या हुआ? छह महीने गेट पर चक्री अनशन कर रहे थे आप लोग, क्या हुआ उसका? आप ही तो कह रहे थे न कि एक मशीन भी बाहर नहीं जाने देंगे...

राणे : जाने दो बाबा सेठ! अब वो बात छोड़ो।

बाबा : अरे वाह! आप तो गरजते हुए कहते थे कि पूँजीवादियों के साथ चल रहा ऐतिहासिक संघर्ष हम ही जीतेंगे...

राणे : जख्म पे नमक मत डाल...

बाबा : मैं सूक्ष्म अवलोकन कर रहा था। वो उधर सोवियत यूनियन धराशायी हुआ और तुम वामपंथियों के भेजे में प्रकाश ही नहीं पड़ता। तुम्हारा मैक्जिम गोर्की श्रम संस्कृति की कल्पना साकार करता है। वो कहता है कि कामगारों को श्रम के माध्यम से आनंद का अनुभव करना चाहिए। बकवास! श्रम में काहे का आनंद? किसी को मर-मर कर काम करने के बाद कभी आनंद मिला है भला? तुम्हारा संघर्ष ही गलत बेस पर खड़ा था। उसे तो फेल होना ही था। ये आपको मानना ही पड़ेगा। जरा अपनी ओर ही देख लीजिए। पैसे मिलते ही लगे न हवा में तैरने।

राणे : चुप! किस भड़वे को चाहिए थे पैसे? मालिक का प्लान अगर एक दिन पहले भी मालूम होता तो हम उसको नेस्तनाबूद कर देते। हरामखोरों ने गफलत में फाँस लिया हमको और हमारे ये चूतिए फँस गए। उन्हें समझाने गया तो उन्होंने हमको ही भगा दिया। इतनी चर्बी चढ़ गई थी कि साले गाली देने लगे हमको। सवा लाख का आँकड़ा सुनते ही लार टपकने लगी सालों के मुँह से। भेनचोद! जिनके लिए अपने जान की भी परवाह नहीं की, परेशानियाँ उठाई वही लोग मुँह पर थूकने लगे। बोलो, अब किसके लिए लड़ें। क्यों अपना गला घोंटें? नहीं माँगता ये लीडरशिप भेनचोद, फोकट की शानपट्टी?

बाबा : तो तुम्हारे उस वामपंथी फिलासॉफी का क्या होगा?

राणे : गांड में गई वो फिलासॉफी...मजदूर महान होता है। मजदूर भिखारचोट होता है। नेताओं के नारों पर तो मूतता है और बैनरों की पुंगली बनाता है।

(स्वर काँपने लगता है) मोहन, बता इस बाबा को, बोल रहा है कि हवा में तैर रहा हूँ मैं...अरे अंदर ही अंदर रो रहा है ये अरविंद राणे, उसका गम है किसी को मालूम ? अरे आरया हो गया रे आरया...

माँ : जरा तुम थोड़ी देर शांति से बैठो तो। थोड़ी सी चाय बनाऊँ तुमारे वास्ते ?

राणे : नहीं, अब कुछ नहीं चाहिए। तुम देखते रहना माँ कि मैं क्या करता हूँ ! मैं हारूँगा नहीं। ये मराठा का खून है। लड़वैया हूँ मैं। फिर एक बार खड़ा रहूँगा। मंजू मेरे साथ है। कम से कम उसके लिए तो फिर खड़ा हो जाऊँगा। उसके साथ गृहस्थी शुरू करने के बाद उसे कौन सा सुख दिया है मैंने ! हमेशा फटेहाल ही रखा मैंने उसको। तुम्हारे दरवाजे छोड़ दिया उसको। बेचारी जरा भी शिकायत न करते हुए खटते रहती है कंपनी में। आज भी गई, पिताजी की तिथि होने के बावजूद गई। गले की सारी हड्डियाँ दिखने लगी हैं उसकी लेकिन पति के लिए मरती रहती है। व्रत, पूजा क्या-क्या करती रहती है। उसके सिंदूर में बड़ी ताकत है। मंजू, मैं तेरे लिए आसमान से तारे तोड़ के लाऊँगा। पाँच-पाँच सौ की साड़ियाँ लाऊँगा। सोने के गहनों से तुझे लाद दूँगा। मंजूऽ...*(उसकी आवाज फटती है)*

(नीचे गली में शोर होता है...मोहन उठकर गैलरी से झाँकता है। क्रिकेट की मैच खेलकर चाल की टीम लौट रही है। यह शोर उसका ही है।)

मोहन : क्या रे जीत गए क्या ? तो क्यों चिल्ला रहे हो...एँ ? अरे चुल्लू भर पानी में डूब मरो...मैं क्या करूँगा ? अरे मैं आता तो ये आफत ही नहीं आती...अगले रविवार को ? जबान पर कायम रहना वरना बाद में नहीं कहोगे...*(खुशी से फिर अपनी जगह पर आकर बैठता है)* जीजा जी, 25 रुपये दो मुझे।

राणे : *(जेब से दो-तीन नोट निकालकर देता है)* जाओ, मौज करो।

मोहन : आज मेरी वैल्यू क्या है, पता चला। माँ कसम ऐसी धुलाई करता। पर आज ही अण्णा की तिथि आ गई। अब अगले मैच में झक मारकर बुलाएँगे मेरे को। आज ही दे दूँगा 25 रुपये कंट्रीब्यूशन।

राणे : मोहन, जिंदगी में कभी नौकरी नहीं करना। स्टॉल लगा। फायदा हो या नुकसान, जो भी होता है, अपना होता है।

मोहन : वन डाउन भेजना चाहिए मेरे को। उस जगह की कीमत नहीं समझी अभी तक किसी ने। इंडिया की टीम में भी बढ़िया वन डाउन है कहाँ ? साला शर्ट सी कर मिलना चाहिए इस हफ्ते में। जीजा जी, ऐसा एक और

पीस लाएँगे? कलर जरा डिफरंट चाहिए। ऐसा शर्ट पहनकर बाहर निकलना याने...

(माँ भीतर जाकर चाय का कप लाकर उसे राणे को दे चुकी है।)

माँ : लेव। अब नईं नईं बोलने का। इत्ताच है। आज इनके आत्मा कू कित्ता अच्छा लगा होएँगा। इनमें से एक बी लड़के ने नईं पर मेरे जवाई ने साड़ी लाई मेरे वास्ते...आज का दिन अच्छा साबित हुआ। अब पैसे आएँगे ना तो उड़ाना मत। जोड़ के रखना। बीस के पच्चीस बनाना। तुम सुखी रहो और मेरी लड़की को भी सुखी रखना। आज मन दुखी हो गया था मेरा, लेकिन तुम आए तो अब अच्छा लग रहा है।

राणे : माँ, ये पैसे लो। पूरे तीन हजार। तुम्हारी लड़की को बर्तन-भांडे लेकर देना। अब हम हमारे घर जाएँगे।

माँ : मैंने कुछ कम-ज्यादा बोला होएँगा तो पाँव पड़के माफी माँगती मैं। पर अब जाना मत।

राणे : नहीं, नहीं। तुमने बहोत किया हमारे लिए। बोलने में कम ज्यादा हो ही जाता है पर उसका कुछ नहीं। तुम्हारे ही बहोत उपकार हैं मेरे पे। *(दंडवत की मुद्रा में आते हुए)* माँ, बाबा, मोहन हम तो जाते अपने गाम, अपनी राम राम राम...अब हमको हमारी गृहस्थी बसाने दो।

माँ : अब क्या बोलूँ मैं? मेरा आशीर्वाद है। मेरी लड़की का घर-बार खूब फूले-फले, उसकी गोद हरी हो जाय।

राणे : मंजू मेरी रानी है। मेरी प्यारी मंजू!

माँ : *(हिचकी आती है)* मंजू गई, तुम गए तो घर काटने कोच दौड़ेगा हमकू। यहाँ पे कोन है मेरा?

राणे : मेरे साथ चलो। मैं ले चलूँगा।

माँ : नईं, ये मेरे दुख-दरद, ये जोड़ों का दरद...बस एक-एक दिन बिता रही हूँ।

राणे : मैं जब यहाँ आया तब तुम जाने की बात कर रहे थे। मैं ले जाऊँगा तुमको। मंजू करेगी सेवा। मैं करूँगा।

माँ : जब तक जान थी तब तो दिया इच नईं, पर मरने के बाद तो जरा सा अच्छा बोल के सुख देने का न। लेकिन वो भी नईं है मेरे घर वाले के नसीब में...जहाँ बाप की गिनती नईं वहाँ पे माँ की क्या कदर होंगी?

राणे : तुम मेरे घर चलो ही। माँ, पी के बोल रहा हूँ ऐसा नहीं समझना।

सीरियसली बोल रहा हूँ। तुम चलो ही। तुमको मेरी कसम...पहले बोलो कि मैं आऊँगी, नहीं तो यहाँ ही धरना दूँगा। *(पालथी मारकर बैठ जाता है)* कहो कि मैं आऊँगी...मोहन, मैं ले जा रहा हूँ माँ को...माँ जाने के बाद सालों को मालूम होगी कीमत माँ की। चलो माँ...आज के आज ही चलो। कपड़े भरो। बस, मंजू आते ही चप्पल पहन के सीधे निकलेंगे।

मोहन : ए, तू मत जा। ए बाबा, देख ये जा रही है। ये घर कौन देखेगा? हमें खाना कौन खिलाएगा?

बाबा : जाने दे उसको। पर उससे कहना जाते-जाते एक सवाल का जवाब भी देकर जाए।

राणे : लो, बड़े बाबा महाराज सवाल पूछ रहे हैं।

बाबा : शटअप।

राणे : व्हाई, शटाप?

माँ : ठहरो, बोल क्या सवाल है तेरा?

बाबा : वो अण्णा की पॉलिसी के पैसों का क्या होगा?

माँ : कायके पइसे?

बाबा : मैं आज ही इस मिट्टी में पैदा नहीं हुआ। उस दिन मैंने बात निकाली थी तो झट बात बदल दी थी तूने। थोड़ी देर पहले भी विषय टाल गई...

माँ : कायका विषय?

बाबा : इन दिनों राकेश के साथ क्या चल रहा है तेरा? उस दिन सोमवार को तू राकेश के साथ गई थी न एलायसी में, बराबर? और कल भी जाने वाली है, उसी के साथ।

मोहन : एलायसी में?

बाबा : थोड़े-बहुत नहीं, पूरे बीस हजार मिलने वाले हैं। पर इसने अपने बेटे को जरा सी भनक नहीं लगने दी। हमसे ज्यादा राकेश अपना है इसको।

माँ : हाँ, है वो अपना। क्या बोलता तू? तुमारे जैसा भरी थाली में छेद तो नईं करता न वो?

बाबा : ओ. के. हम नालायक हैं। तू जा रही है ना तो जा। पर जाते-जाते जो चेक आने वाला है उसे यहीं रखकर जा। तेरी जिम्मेदारी ये ले रहे हैं। अब यहाँ हम दोनों ही रहने वाले हैं। हमारे भविष्य के लिए वो चेक मुझे चाहिए।

माँ : एक कौड़ी भी नहीं देऊँगी। मेरे मरद के पैसे हैं वो।

बाबा : वो मेरा भी बाप था।

माँ : अपने बाप की इज्जत निकाल रहा था तब जबान नहीं टूटी रे तेरी...

बाबा : नहीं टूटी। वो मेरा बाप था ये सत्य है। और वो बाप के तौर पर नालायक था ये भी सत्य है। उस बाप के पॉलिसी के पैसे मिलेंगे ये सत्य है। और उसका बेटा होने के कारण उस पर मेरा हक है ये भी सत्य...

राणे : *(फिद्द से हँसते हुए)* साला सत्य का सत्ता! इस सत्ते से अट्ठा लगाव...ओपन टू क्लोज।

बाबा : इस आदमी को चुप करो पहले।

राणे : व्हाई चुप? टेल मी व्हाई? उसकी माँ की। तुम मुँह में आया वो बकोगे। टोचते रहोगे और मैं चुप बैठूँ? नो।

बाबा : मोहन, तू कुछ नहीं बोलेगा? मैं अकेला ही बोल रहा हूँ।

मोहन : *(माँ से)* पर तू क्यों जा रही है?

बाबा : तेरेको पैसे चाहिए या नहीं?

मोहन : च...चाहिए न।

माँ : उस बीस हजार में से बीस पैसे भी नईं देऊँगी मैं तुमकू।

बाबा : तब मैं देखता हूँ कि कल तू उस राकेश के साथ कैसे जाती है।

राणे : ए, किसको आवाज देता है? जिसने तुमको निकाला...

बाबा : चुप करो रे इसको।

मोहन : जीजाजी....

राणे : तू मेरेको छोड़।

माँ : तुम चुप रहो। मैं इच देखती इसको।

राणे : ये तुम्हारी औलाद...थू इनकी...दे दो एक बार का चेक। चलो मेरे साथ। मेरे पास है पैसे।

माँ : तुम्हारे पैसे रहने दो। ये मेरे हक के हैं। इनके पैंतालीस हजार इन लड़कों ने ऐसे इच बैठके खा डाले। अब लोगों के काम कर करके दिन नई खपाना है मेरेकू। कल कुछ करने लायक नईं रही तो कोन देखेगा मेरेकू? चार पैसे है तो रहने देव मेरे पास...

राणे : मैं हूँ ना। मंजू देखेगी ना। मैं नहीं छोड़ूँगा तुमको। माँ कसम...

माँ : तुम्हारा कुछ सवाल नई है। पर ये मेरे मरद के आखरी पैसे हैं...

मोहन : माँ, बाबा बराबर बोल रहा है। तू पैसे हमको दे दे। इस बीस हजार में से पंधरा भरे तो अभी इसी मिनट पे नौकरी मिलेगी मेरेको। वो बॉबी शिरसाट है ना, उसके पास एक जॉब है। कल ही बोल रहा था मेरेको। जीजाजी, तब मैं तुमको बोल रहा था ना कि एक जगह काम हो रहा है

मेरा।

बाबा : क्या कहा?

मोहन : अरे सॉलिड जॉब है सॉलिड। पौने तीन का स्टार्ट। बीस का रेट चालू है। पर बॉबी बोला तू पंधरा ही दे। छे महीने में पै वसूल।

बाबा : तू पागल हो गया है क्या? बीस में से पंधरा जाने पर मेरे पास क्या बचेगा?

मोहन : अरे पर जॉब तो मिलेगा ना।

बाबा : क्या भरोसा? वो आदमी पैसे लेकर भाग गया तो?

मोहन : कैसा भागेगा? भरोसे का आदमी है।

बाबा : मैं कह रहा हूँ, भाग जायेगा वो।

मोहन : नहीं रे। एक बार जॉब तो लगने दे। फिर तेरेको भी दूँगा जितने चाहे उतने।

बाबा : चल रे। तेरे पैसे चाहिए किसको?

मोहन : अरे तू आराम से बैठके खायेगा।

बाबा : तेरी कमाई नहीं चाहिए मेरेको।

मोहन : मेरेको नौकरी लगना चाहिए या नहीं?

बाबा : तेरा तू देख। ज्यादा से ज्यादा पाँच दूँगा बीस में से तेरेको।

मोहन : पाँच? बाकी के क्या करेगा?

बाबा : रोज की जिंदगी को नहीं लगते पैसे? थोड़ा सा कर्जा भी है मेरे पर दोस्तों का। और मैं सात लगाऊँगा तो अवधूत अपनी तरफ से सात डालने के लिए तैयार है। चौदा हजार में किताब आ जायेगी मेरी। अरे पुरस्कार में ही वसूल हो जायेंगे पैसे।

मोहन : किताब जरूरी है या मेरी नौकरी?

बाबा : मेरे लिए किताब जरूरी है। तेरी नौकरी की बातें बहुत सुन चुका हूँ मैं। मेरेको बेवकूफ मत बनाओ।

मोहन : माँ तू बोल। इससे अच्छा तो ये है कि तू ही दे दे पंधरा मेरेको। बाबा को कुछ मत दे और यहाँ से जा भी मत।

बाबा : ए, मेरे हिस्से के बीच में मत पड़।

मोहन : मेरी जिंदगी का सवाल है ये।

बाबा : खड्डे में गई तेरी जिंदगी। मेरेको पैसे चाहिए।

मोहन : मैं पंधरा लूँगा याने लूँगा।

बाबा : मैं देखता हूँ तू कैसा लेता है।

मोहन : *(आस्तीन चढ़ाते हुए)* क्या करेगा तू?

बाबा : दो लाफा लगाऊँगा।

मोहन : चल बे। गए वो दिन।

(दोनों एक दूसरे से भिड़ जाते हैं)

माँ : *(राणे से)* देखो, देखो, सग्गे भाई नईं हैं ये। दुश्मन हैं। मोअन छोड़, छोड़ बोलती ना मैं...बाबा...नरू अभी होता तो अच्छा होता। दोनोंकू करता ठीक। कुछ नईं तो वो मंजू इच आ जाती।

राणे : मोहन, पीछे हट...

मोहन : मैं नहीं छोड़ूँगा। मेरी जिंदगी का सवाल है।

माँ : मोअन...

मोहन : तू बीच में टाँग मत अड़ा...

(दोनों एक दूसरे को फटाफट मारते हैं। इस छीनाझपटी में मोहन का शर्ट फटता है। इससे उसका गुस्सा और बढ़ जाता है। माँ चिल्ला रही है। बाबा-मोहन अब एक-दूसरे पर टूट पड़े हैं। माँ की चीख-चिल्लाहट बढ़ती है। वह दोनों को छुड़ाना चाहती है। बीच में ही राणे की ओर आती है। राणे दोनों की ओर असहाय बनकर देखते हुए साड़ी के खाली डिब्बे लाता है। पेड़े का पैकेट उठाता है। उसी समय बाहर गिरने-पड़ने का शोर। नरू मंजू को खींचते हुए लाकर घर में फेंकता है। उसके बाल बिखरे हुए हैं। चेहरा रो-रोकर कुम्हला गया है। नरू के कपड़े भी अस्त-व्यस्त है। शर्ट पर खून के दाग हैं। चेहरे पर क्रोध। धडाम से दरवाजा बंद करता है। मंजू जमीन पर गिरती है, पर रोती नहीं। उसके धक्के से पीढ़े पर रखे हुए पिंड उछलते हैं।)

नरू : रंडी साली!

(सारे अवाक। राणे आगे बढ़ता है। पर तुरंत झटके से पीछे चला आता है।)

माँ : क्या हुआ रे?

नरू : पूछ, पूछ तेरे बेटी को, पूछ उसके धंधे...भेनचोद।

माँ : क्या किया रे मंजू?

नरू : बोल नहीं तो मारूँगा लात...

माँ : क्या किया?

नरू : उस गीता थेटर में बैठी थी। उसी बनिये के बेटे के साथ। एक बार गेट

गिराया तब भी अक्कल नहीं आयी इसको। उस भड़वे के तीन लड़के हैं। इसका मरद यहाँ पे हैं....

(राणे के हाथ से साड़ियों का पैकेट गिरता है। माँ को जबरदस्त सदमा लगता है। वैसे ही स्तब्ध खड़ी रहती है।)

राणे : तू कंपनी में गई थी ना? *(काँपते हुए)*

नरू : *(मंजू को लात मारता है)* दुनिया को चूतिया बनाती है साली...कंपनी में गई थी। वो थेटर तेरी कंपनी है, तेरी माँ का... *(वह बार-बार दौड़कर मंजू को लात-मुक्के जड़ता है। वह मार खाकर भी रोती नहीं है।)*

मोहन : चित्रा थी साथ में...

नरू : उसके साथ था दूसरा लड़का...उसकी माँ का...देखते ही खोपड़ी आउट हो गई अपुन की। सीधा कॉलर पकड़ ली उसकी। भेनचोद गुर्राने लगा...बस तभी दन दन दन कुचला उसको...फोड़ डाला साले को।

माँ : *(जैसे तैसे बोलते हुए)* ये तेरे शर्ट पे खून के दाग कायके हैं रे? क्या किया रे तूने?

नरू : अरे पूरा आड़ा कर दिया उस बनिये के लड़के को। खोपड़ी फोड़ डाली। मेरी तो सरक इच गई थी। आज पैंट में घोडा नहीं था, नईं तो पूरा घोडा खाली कर देता उसपे। भेनचोद, भिड़ता है और ऊपर से बोलता है कि तेरीच बहन सोती मेरे नीचे।

बाबा : *(चीखते हुए)* क्या... ?

नरू : तब तो पूरी सटक गई मेरी। साले के सर को वो कुचला कि बस...

मोहन : मार डाला क्या उसको...

नरू : ए, तेरेको क्या करने का जादा शानपत्ती करके...

मोहन : अब वो बनिया पुलिस कम्प्लेंट करेगा।

नरू : माँ चोद डालूँगा एक-एक की अगर पुलिस इस घर की सीढ़ी चढ़ी तो... *(तुरंत बदन से शर्ट उतारकर माँ को देता है)* ये शर्ट धो दे और दूसरा दे। सुन ले, पुलिस आने से पहले धो लेना, बता रहा हूँ। और इस रंडी का खाना-पीना बंद कर दे। रहने दे भूखी इसको। मादरचोद को खाने को मिलता है न, तभी ऐसे धंधे सूझते हैं। शादी कायकू कर दी इसकी? कल जाएगी फारस रोड पे धंधा करने को... *(माँ से)* ए, सर पे हाथ रखके मत बैठ। उत्ता टाइम नहीं है। पाँच सौ रुपया दे मेरेको। मैं खसकता हूँ और ये अगर बाहर दिखी तो इसका भी मर्डर किया इच समझ। चल चल पैसे निकाल। *(माँ नहीं उठती है)*

बाबा : ए, दे दे उसको। जाने दे एक बार का।

माँ : ...

नरू : अब मना मत कर मेरेको। नहीं होएँगे तो इसके मरद से ले।

(राणे खोया खोया सा गैलरी में आता है और रेलिंग पर सर रखके हारी हुई मुद्रा में बैठ जाता है।)

नरू : तेरी छोकरी के कारण लफड़े में फंसा मैं। मेरी गांड में खुजली नईं थी। चल दे...

बाबा : *(जेब से एक मुड़ी-तुड़ी नोट निकालता है)* ये ले मेरे पास सौ थे। *(नरू उसे छीन लेता है)*

नरू : *(माँ से)* बाकी तू दे।

मोहन : वहाँ रखे हैं। माँ ने दवा के लिए दो सौ अलग निकाल के रखे हैं। डॉक्टर को देना है।

नरू : चल दे दे उतने ही सही।

मोहन : और डॉक्टर को ?

नरू : डॉक्टर गया भोसड़े में। ला इधर। *(मोहन बर्तन के पटरे पर खोजते-खोजते एक डिबिया निकालता है। उसके धक्के से एक बर्तन नीचे गिरता है। नरू उसके हाथ से पैसे छीन लेता है। चप्पल पहनते हुए...)* ए, मैं यहाँ पे आया था ये बोलना मत किसीकू। पुलिस तुम लोगों को ही उठायेगी। उसकी माँ का...वो भाई भी आज जगे पर नहीं है। *(माँ से)* शर्ट पर लगे खून के दाग नहीं निकले तो फाड़ के फेंक देना खाड़ी में। *(निकलते-निकलते पहले पलटता है और माँ के पाँव छूता है। फिर दनदनाते हुए वहाँ से भाग जाता है। बाबा और मोहन एक साथ खड़े हैं। मोहन तुरंत जाकर दरवाजा पक्का बंद करता है।)*

बाबा : *(माँ से)* ए, मरने दे उसको। पुलिस आयेंगी अभी यहाँ। उसका सोच, जला दे वो शर्ट। पहले वो शर्ट को हटा यहाँ से।

मोहन : *(बहुत डरा हुआ है वो)* पुलिस आयेगी बाबा ? लेकिन यहाँ काहेको आयेगी ? नरू कहाँ है ?

बाबा : *(झुँझलाकर)* यहाँ नहीं आयेगी तो कहाँ जायेगी ? वो बनिया चुप नहीं बैठने वाला। ऊपर तक पहुँच है उसकी।

(तभी मोहन गैलरी में जाकर इस तरह वापस आता है जैसे उसे जबरदस्त झटका लगा हो।)

मोहन : ए, बनिया के दुकान के सामने लोग जमा हैं। इधर ही देख रहे हैं सब।

बाबा : इसको पहले अंदर ले जाओ। नालायक। लोग जमा हैं याने लगता है इसने बहुत बड़ा झमेला कर रखा है।

मोहन : बड़ा याने?

बाबा : याने क्या वो वहाँ जाके देख। *(कुर्ता उतारकर शर्ट पहनने लगता है)*

मोहन : तू कहाँ जा रहा है?

बाबा : मैं जा रहा हूँ। शांताराम के घर जाकर बैठूँगा। पुलिस आये तो उनसे कहना हमारा और नरू का कोई संबंध नहीं है। हमने उसे घर से निकाल दिया है। उसका तुम्हें जो करना हो करो। हमको मत बताओ।

मोहन : ए, देखो ये क्या बोल रहा है!

बाबा : इसकी वजह से हम क्यों तकलीफ उठाएँ?

मोहन : उसे पकड़ा तो खूब मारेंगे उसको। अस्थिपंजर एक कर देते हैं। बाबा, वो नगरसेवक हैं ना भोसले। जरा जा ना उसके पास...

बाबा : मैं भला क्यों जाऊँ?

मोहन : तुझे जानते हैं वो।

बाबा : मैं नहीं जाऊँगा। जाकर क्या बोलूँ? यह कहूँ कि मेरा भाई किसी की बुरी तरह पिटाई करके आया है? नरू मेरा भाई है ये सुनकर धक्का लगेगा उन्हें।

मोहन : अरे पर...

बाबा : इतना सोच रहा है, तो तू ही जा ना।

मोहन : मेरेको पहचानेंगे भी नहीं वो।

बाबा : तो फिर चुप बैठ।

मोहन : *(अधीर होकर माँ के पास जाता है।)* माँ, वो पाटोले हैं ना, उनके विजू को तो बता कम से कम। भाई जानता है उसको। नरू ने लफड़ा करके रखा है इतना बता दिया तब भी काफी है। भाई देख लेगा, जा ना, विजू सुनेगा तेरी बात।

(दरवाजे पर जोर-जोर से दस्तक होती है।'नरू की माँ दरवाजा खोलो' की आवाजें आती हैं। सभी टेन्स हैं। कोई भी दरवाजा खोलने आगे नहीं बढ़ता। मोहन दरवाजा खोलता है। दरवाजे में पाँच-छः लड़के खड़े हैं। उनमें से बटर सामने आता है।)

मोहन : क्या है रे बटर?

बटर : *(हाँफते हुए)* नरू की माँ...लफड़ा।

मोहन : और क्या हुआ?

बटर : नरू को नाके पर पुलिस ने पकड़ा और....

बाबा : नरू को पकड़ा ?

मोहन : *(थरथराते हुए)* और क्या ? और क्या बोल ना बटर ?

बटर : वो बनिये का लड़का मर गया...अक्खी खोपड़ी फूट गई थी उसकी। दस मिनट भी नहीं टिका वो...

(मंजू गला फाड़कर चीखते हुए हाथ जमीन पर पटकती है। उसकी चूड़ियाँ टूटती हैं। बाबा सन्न होकर पीछे पलटता है। मोहन पूरी तरह हिल चुका है। थरथराते हुए वह अपनी पहले वाली जगह पर बैठता है। घुटनों के इर्द-गिर्द हाथ कस लिए हैं उसने। उसका शरीर जैसे जकड़ा हुआ है। माँ धम्म से नीचे बैठ जाती है। वह पूरी तरह हार चुकी है। बाहर से आये लड़के चले जाते हैं। गैलरी में खड़ा राणे एक बार जोर से चिल्लाता है, 'मंजू...' प्रकाश धीरे-धीरे कम होने लगता है। संदिग्ध रोशनी में लोग और अधिक गूढ़, रहस्यमय और डरावने दिखाई देने लगते हैं। माँ धीरे से उठती है। माचिस लाती है। वह खून से सना नरू का शर्ट सामने रखती है और तीली जलाकर शर्ट पर रखती है। शर्ट धीरे-धीरे जलने लगता है। माँ उन ज्वालाओं की ओर अपलक देख रही है—परदा)

❑❑❑